Kundenzufriedenheit im Dienstleistungsbereich

Von
Professorin
Dr. Ulla Meister
und
Professor
Dr. Holger Meister

2., unwesentlich veränderte Auflage

R. Oldenbourg Verlag München Wien

Die Deutsche Bibliothek - CIP-Einheitsaufnahme

Meister, Ulla:
Kundenzufriedenheit im Dienstleistungsbereich / Ulla Meister ;
Holger Meister. – 2., unwes. veränd. Aufl. – München ; Wien :
Oldenbourg, 1998
ISBN 3-486-24818-9
NE: Meister, Holger

Rosenheimer Straße 145, D-81671 München
Telefon: (089) 45051-0, Internet: http://www.oldenbourg.de

Gedruckt auf säure- und chlorfreiem Papier
Gesamtherstellung: R. Oldenbourg Graphische Betriebe GmbH, München

ISBN 3-486-24818-9

Vorwort

In den letzten Jahren hat die Literatur in bezug auf "neue" Management-Konzepte stark zugenommen. Vielfältig sind dabei die Interpretationen der praktischen Anwendung in den Unternehmungen. Prima facie mögen diese Konzepte recht hilfreich erscheinen, indes ist ihre durchgängige Operationalität mitunter fraglich und die Übertragbarkeit von einer Branche auf die andere schwierig, wenn nicht gar unmöglich.
Wenn beispielsweise Lean Management für die Industrie in seiner Totalen "von allem die Hälfte" bedeutet, kann das für den Dienstleistungssektor fatale Folgen haben, da dort mittlerweile der Mensch den zentralen Produktionsfaktor bildet, den es eher auf- als abzubauen gilt, um kundenorientiert zu sein.

Nun sind Kundenorientierung und Dienstleistungsqualität Themen, die man als "in" bezeichnen kann. Hierfür haben verschiedene Unternehmungen sogar hauseigene Begriffe hervorgebracht. Darin ist die Aussage völlig klar: Das gesamte Streben ist auf die Bedürfnisse der Kunden auszurichten. Doch zum einen, welche Bedürfnisse sind dies und zum anderen, wie kann sie der jeweilige Anbieter zunächst erfassen und dann befriedigen?
Hierauf soll diese Veröffentlichung eine präzise Antwort geben. Denn nicht (noch) ein von Interpretationswolken umhüllter Ansatz für die oberste Leitungsebene, der verschiedene Auslegungen erlaubt, wie man etwas machen könnte, ist das Anliegen, sondern ein umsetzungsreifes "Rezeptbuch", um den Bedürfnissen der Kunden zu entsprechen und dafür die Qualität im Tagesgeschäft zu sichern.

Wenn man ein Rezept publiziert, sollte man es vorher erprobt haben.

Das ist durch die erfolgreiche Umsetzung des Problemkonkretisierten Verbesserungsprozesses ("PVP") in die Praxis geschehen. Dieser Ansatz enthält die vier Schritte zur Qualität, die Kunden wünschen. Deshalb ist das vorliegende Buch das Ergebnis der Harmonisierung von theoretischen Überlegungen mit ihrer praktischen Umsetzbarkeit.

Graphisch unterstützt wurde das vorliegende Buch durch Herrn Michael Kainzbauer. Ihm gilt besonderer Dank.

Ulla Meister
Holger Meister

Inhaltsverzeichnis

Einleitung

Die Schere zwischen Anspruch und Wirklichkeit klafft oft weit auseinander. Gerade in bezug auf die Zufriedenheit mit dem Dienst am Kunden scheint dies eine für die Zukunft unlösbare Aufgabe zu werden. Fast gewinnt man den Eindruck, daß der Dienst am Kunden in weiten Teilen gar nicht mehr stattfindet. Bankautomaten, die Geld ausgeben und über Kontostände informieren, Selbsteintüten und Abwiegen von Obst und Gemüse im Lebensmittelladen oder Selbstzubereitung von Kaffee und Tee in ehemals noblen Launges der Airlines sprechen eine deutliche Sprache. Wo noch ein persönlicher Umgang mit dem Kunden erfolgt, ärgern sich diese zuweilen mehr darüber als sie ihn genießen. Wer am Fahrkartenschalter der Bundesbahn Schlange steht, von einem Kurierdienstmitarbeiter sein Paket mürrisch vor die Füße geknallt bekommt oder in einem Fachgeschäft eher als "durchlaufender Posten" denn als Kunde behandelt wird, kann damit nicht zufrieden sein.

Je mehr in der Öffentlichkeit das Thema Kundenorientierung und Kundendienst in den Mittelpunkt rückt, um so uninteressanter scheinen die tatsächlichen Wünsche der Kunden zu werden. Wie sonst kann es sein, daß unter dem Mäntelchen von Lean Management eine Kosten- statt Kundenorientierung forciert wird, wo man Arbeitsplätze gerade da abbaut, wo sie "unproduktiv" sind, weil sie nicht der Sache selbst, sondern dem persönlichen Umgang mit dem Kunden dienen. Immer weniger Personal kann beim besten Willen nicht die immer individueller werdenden Kundenwünsche erfüllen.
Aus der Sicht des Personals wird der Kunde schnell zum Störenfried. Schließlich macht er zusätzliche Arbeit und schafft Probleme. Wieso soll man sich da für ihn auch noch interessieren?

Die langfristige Problematik ist den Mitarbeitern "an der Front" oft nicht klar: Nur zufriedene Kunden kommen wieder, sichern den Erfolg des Unternehmens und somit auch die Arbeitsplätze.
Wollen Anbieter am Markt langfristig erfolgreich sein, müssen sie die Wünsche und Erwartungen ihrer Kunden genau kennen.
Doch leider stellt sich allein aufgrund dieser Kenntnis noch kein Erfolg ein, sondern erst durch eine kundenorientierte Organisation und zufriedenstellende Behandlung der Kunden.

Sowohl von der Marktforschung als auch von Seiten der Organiationslehre werden eine Fülle verschiedener Konzepte eingesetzt, um Kundenzufriedenheit und -treue zu eruieren sowie Kundenorientierung herzustellen. Beides trifft man in der Praxis leider wenig miteinander verbunden an.
Deshalb ist es unabdingbar, daß Erhebung und Gestaltung der Kundenzufriedenheit aus "einem Guß" sind, um bestmögliche Effizienz und Effektivität des Vorgehens zu erreichen. Isolierte Aktionen bringen Synergieverluste und dienen nicht punktgenau den Wünschen der Kunden. Somit sind Marktstudien und Zufriedenheitsanalysen mit Methoden zur Verbesserung der Kundenorientierung und Dienstleistungsqualität zu synchronisieren.

Das vorliegende Buch bietet hierzu eine innovative Methode, die den Anspruch dieses synchronisierten Vorgehens erfüllt und von der Analyse der Kundenwünsche bis hin zu den Maßnahmen reicht, ihnen im Tagesgeschäft zu entsprechen. Dabei wird selbstverständlich dargestellt, wie die Kosten für die einzelnen Maßnahmen hierzu transparent werden.

Im Ergebnis wird ein in sich geschlossenes Werkzeug vorgestellt, das den

Weg zur kundenorientierten Organisation weist, um dadurch langfristig den unternehmerischen Erfolg zu sichern.

Kapitel 1: Dienstleistungszufriedenheit

1. Ein Anbieter ohne Kundenorientierung ist wie ein Seefahrer ohne Kompaß

Jeder einzelne von uns ist Kunde, fast jeden Tag. Intuitiv weiß jeder, welche Bedeutung er dabei hat und wie er behandelt werden möchte. Auch ein Anbieter weiß um den "Wert" seiner Kunden und wie er sie behandeln sollte. Zwischen Anspruch und Wirklichkeit liegen oft jedoch Welten.

So gibt es Situationen, in denen man sich weniger als Kunde denn als Bittsteller fühlt und schwört, niemals mehr wiederzukommen. Das kann dann der Fall sein, wenn eine Autowerkstatt das falsche Ersatzteil verkauft und sich dann auch noch weigert, es wieder umzutauschen, weil der Kunde die Verpackung beschädigt hat.

Aber es gibt auch den entgegengesetzten Fall, in dem sich der Kunde als König fühlt und sich nicht nur beim Kauf freut, sondern darüber hinaus den Verkäufer später weiterempfiehlt, weil dieser in sämtlichen Filialen und auch im Werk des Herstellers angerufen hat, um ein besonderes Produkt zu besorgen.

Beide Male liegt die Reaktion des Kunden nicht an der Sachleistung, die er empfängt, sondern an der persönlichen Behandlung, die er erfährt. Anders ausgedrückt: Werde ich gut behandelt, bin ich zufrieden und komme wieder.

Hieraus beantwortet sich auch die Frage, warum manche Fluggesellschaften auf den gleichen Routen gute Auslastungen haben und andere wiederum nahezu leer und in den roten Zahlen herumfliegen. Zu einer Airline kommt der Fluggast nicht wieder, wenn er sich permanent autoritär behandelt fühlt, sei es, wenn er am Counter zurechtgewiesen wird, weil er das falsche Ticket hervorzieht oder wenn ihn das Kabinenpersonal maßregelt, weil er vergessen hat, sich vor dem Start anzuschnallen. Da kann die Airline noch so moderne Flugzeuge, Computertechnik und exzellente Flugverbindungen haben, Kundentreue wird ihr nicht beschieden sein.

Wenn sich gebeutelte Fluggesellschaften trotz drastischer Einsparungen nur mühsam in die Gewinnzone schleppen, wenn defizitäre Schienenverkehrsbetriebe trotz effizienzsteigernder Maßnahmen aus den Meldungen der Presse nicht herauskommen oder wenn Spitzenhotels über mangelnde Auslastung klagen, ist die vermeintliche Ursache schnell erkannt: Der Markt, sprich die Kunden sind schuld. Schließlich fragen sie die angebotenen Leistungen nicht in dem Maße nach, um den betroffenen Unternehmen ein sorgenfreies Überleben zu sichern.

Aber warum tun die Kunden so etwas? Warum wandern sie zur Konkurrenz ab? Kennen sie keine Treue? Sind sie etwa nicht mehr zufrieden, weil das, was sie geboten bekommen, nicht ihren Erwartungen entspricht?

Wer sich diese Fragen stellen muß, hat eines nicht - Kundenorientierung. Wie sonst könnte etwas angeboten werden, das die Kunden gar nicht wollen und folglich nicht nachfragen? Liegt dies vielleicht an den gängigen Definitionen, die Kundenorientierung unter anderem begreifen "als variable, situativ zu beurteilende Grundeinstellung der Mitarbeiter einer Unternehmung zu den Kunden und Kundenbedürfnissen"[1)]. Diese Definition klingt nicht nur akademisch, sie erfaßt die Praxis auch nur zum Teil. Denn haben Mitarbeiter einer Unternehmung nur eine Einstellung zu den Wünschen der Kunden und kein Wissen darüber, so ist die Wahrscheinlichkeit, daß eine wunschgemäße und damit zufriedenstellende Bedienung erfolgt, eher dem Zufall überlassen.

Egal, ob in einer Nachtbar nicht jugendfreie Darbietungen angeboten werden oder ein Bankhaus Finanzdienstleistungen offeriert, der Kunde muß genau das Spezifische dieser Leistungen wollen. Weder ein "old fashioned Striptease" noch ein lustloser Wertpapierhandel am Banktresen werden einen weiteren Kundenzustrom auslösen. Nur das, was die Kunden jeweils wünschen - und das kann im Zeitverlauf wechseln wie das Wetter - ist anzubieten. Kundenorientierung verspricht Erfolg. Ohne sie irrt ein Anbieter umher wie ein Seefahrer ohne Kompaß. Nun gut, Kolumbus hatte einfach Glück, als er sich nach Amerika verfuhr. Auch Böttger hatte die Gunst des Schicksals und behielt seinen Kopf, als er August dem Starken Porzellan anstatt des geforderten Goldes ablieferte. Doch diese Zufälle sollten im professionellen Geschäft keine Rolle spielen.

Durchaus läßt sich der Kunde mit einem souveränen Herrscher vergleichen. Bekommt er nicht das, was er will, und orientiert sich ein Anbieter nicht an seinen Wünschen, verliert er zwar nicht den Kopf, dafür aber die Kunden und somit die Existenzgrundlage. Hier auf die Gunst des Zufalls zu hoffen, wäre naiv. Wann kommt schon einmal ein Hotelgast, der allein dankbar ist, in einer Nobelherberge übernachten zu dürfen? Wann freut sich denn ein Fluggast, wenn er sich vor dem Check In geduldig in eine Warteschlange einreihen muß?
Orientieren sich die Anbieter nur an ihren eigenen Einstellungen und nicht an den Wünschen der Kunden, werden sie keine zufriedenen und schon gar keine treuen Abnehmer haben.

2. Treue Kunden sind der Schlüssel zum Erfolg

Aber Vorsicht! Zufriedene Kunden müssen noch lange nicht treu sein, auch wenn dies auf den ersten Blick noch so logisch erscheinen mag. In der Realität ist es anders. Danach besteht kein linearer Zusammenhang dergestalt, daß zufriedenene Kunden eine Leistung wieder kaufen und mit zunehmender Zufriedenheit die Treue und damit der Unternehmensgewinn steigen. Denn zwischen 65 und 95 Prozent der Wechselkunden erklären nämlich, mit ihrem früheren Lieferanten durchaus zufrieden oder sogar sehr zufrieden gewesen zu sein. Solche Zufriedenheitswerte liegen in der Automobilbranche im Durchschnitt sogar zwischen 85 und 95 Prozent, die durchschnittliche Quote der Wiederkäufer ist dagegen wesentlich geringer und beläuft sich auf 40%.[2)]
Wie erklärt sich dieses Phänomen? Kundenzufriedenheit wird erfragt und aufgrund der Antworten errechnet. Kundentreue hingegen liegt als Ergebnis bereits in "harten" Werten vor, wird also nicht erfragt (und dann interpretiert), sondern kann lediglich hinterfragt werden.
Weicht also die Treue von der Zufriedenheit wesentlich ab, hat man den Kunden vielleicht die falschen zufriedenheitsrelevanten Fragen gestellt oder haben die Kunden gar falsch geantwortet?
Daraus wird deutlich: Sich allein mit zufriedenen Kunden auf eine erfolgreiche Zukunft verlassen zu wollen, ist eine trügerische Angelegenheit. Diese isolierte Betrachtung vernachlässigt die dynamischen Kräfte des Wettbewerbs, die selbst zufriedene Kunden zuweilen zur Konkurrenz wechseln lassen.

Folgt man der MIT Studie[3)], so ist die Markentreue der Autokäufer in Großbritannien von etwa 80% in den 60er Jahren auf 50% in 1990 gesunken. In den Vereinigten Staaten liegt sie noch niedriger. Außerdem

korreliert der Wiederkauf der gleichen Marke mit dem Alter der Kunden, und zwar von 30% bei den über 56jährigen, über 23% bei den Kunden zwischen 26 und 55 Jahren bis auf 13% bei den 25jährigen.
Wie wichtig aber treue Kunden sind, belegt ein Beispiel aus dem Wartungs- und Reparaturbereich eines Autohauses. Hier ist der vermutete Gewinn eines über vier Jahre treuen Kunden mehr als dreimal so hoch wie im ersten Jahr. Wandern Kunden ab, nehmen sie dieses Gewinnpotential mit, wie das Abbildung 1 veranschaulicht.

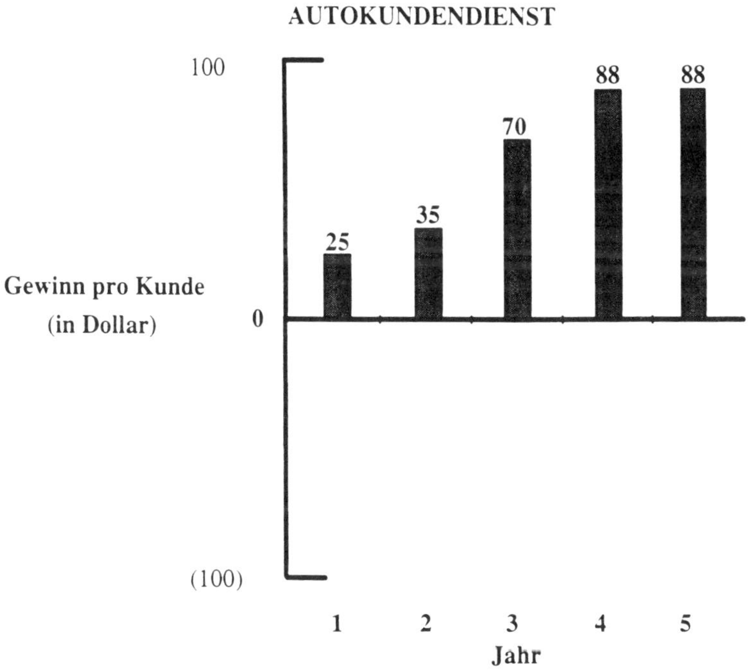

Quelle: Reichheld, F.F., Sasser, W.E. jr.: Zero Defections: Quality Comes to Services, in: Harvard Business Review, September-October 1990, S.107

Abb. 1: Gewinn pro Kunde im Laufe der Zeit im Autokundendienst

Häufig erfährt ein Anbieter nur wenig, um nicht zu sagen gar nichts, über die Ursachen der mangelnden Kundentreue. Um beim obigen Beispiel zu bleiben: Liegt es an der Sach(Haupt)Leistung Auto oder vielleicht an dem Bündel von Dienstleistungen, das von den Aktivitäten vor dem Kauf bis zum After-Sales-Service, lange nach dem Kauf, reicht.

Die Gründe zu kennen, warum Kunden wieder kommen oder nicht, ist für das Überleben am Markt unerläßlich, besteht doch ein signifikanter Zusammenhang zwischen Kundentreue und Gewinn. Mit der Treue steigt auf Sicht der Unternehmensgewinn, denn ein treuer Kundenstamm erfordert einen geringeren Pflegeaufwand. Es kann sogar die These aufgestellt werden, Kundentreue dient als Schutzschild, um den Preiswettbewerb abzuschirmen.

Verlorene Kunden durch Neuakquisition zu kompensieren, ist ein kostspieliges und auf schrumpfenden Märkten oftmals aussichtsloses Unterfangen. Zudem kann es bis zu fünfmal soviel kosten, einen neuen Kunden zu akquirieren als einen alten zu halten. Ersteres belastet das Unternehmensergebnis.

Kunden zu verlieren, ist trotz eines guten Firmennamens und -image allzu leicht möglich. Wer zum Beispiel schon einmal das alljährlich wiederkehrende Drama zur Nürnberger Spielwarenmesse am Counter einer großen Airline des dortigen Flughafens erlebt hat, wird künftig wahrscheinlich mit einer anderen Fluggesellschaft fliegen, die einen temporär wechselnden Andrang besser bewältigt und ihre Passagiere nicht schier endlos in einer Schlange warten und verzweifeln läßt. Gerade ein anspruchsvoller Vielflieger legt in allen Situationen Wert auf eine rasche Abfertigung, ob Messe ist oder nicht. Frustrierende Ereignisse, bei denen man aufgrund der Inkompetenz, sich auf schwankende Kapazitäten einzustellen, durchaus den Abflug seiner Maschine versäumen kann, prägen sich ein und sind schwer reparabel.

Gute Leistungen kosten einem Anbietern gutes Geld, wie eine hervorragende Ausbildung des Personals teuer ist. Indes stehen diesen Kosten steigende Erträge gegenüber, die ihrerseits wieder zur Gewinnung weiterer treuer Kunden verwendet werden können. Überdurchschnittliche Ergebnisse erlauben zudem eine überdurchschnittliche Entlohnung. Zusammen mit Aus- und Weiterbildungsanreizen werden die Mitarbeiter zufrieden und motiviert sein, sind somit produktiver, bleiben mit ihrem Know How dem Unternehmen treu und setzen dieses für überdurchschnittliche Leistungen ein. Dies wiederum veranlaßt die Kunden, ebenfalls dem Unternehmen treu zu bleiben. Im Ergebnis kumulieren die positiven Effekte in einem an Kundentreue orientierten Unternehmen. Der amerikanische Finanzdienstleister MBNA (America Bank Nat Assn) belegte diesen Zusammenhang eindrucksvoll. Ab dem Jahr 1982 wurden Produkte und Abläufe geändert und kundenorientiert gestaltet. Die steigende Qualität veranlaßte immer weniger Kunden zu gehen. Acht Jahre später hatte MBNA in 1990 eine der niedrigsten Migrationsraten in der Branche. Nur noch rund 4 Prozent der Kunden gehen jedes Jahr verloren. Das sind durchschnittlich nur halb soviel wie bei den Wettbewerbern. Was wie ein geringer Unterschied aussieht, ist tatsächlich ein enormer Gewinnzuwachs. Ohne großen Akquisitionsaufwand stieg MBNA in der Brachenskala vom 38. auf den 4. Platz und erzielte eine Gewinnsteigerung um das 16fache.[4)]
Loyale Kunden können zweifellos ein Multiplikator sein, wenn es um die (kostenlose) Weiterempfehlung geht. Eine US-amerikanische Hausbaufirma hat herausgefunden, daß über 60% ihrer Verkäufe auf Empfehlungen zurückgehen.[5)]

Sicherlich ist Zufriedenheit eine Voraussetzung für die Treue. Jedoch kann eine einmal ermittelte Kundenzufriedenheit kein dauerhafter Garant sein, um Kunden an sich zu binden. Deshalb ist permanent kundenorientiert zu denken und zu handeln. Wie man das macht, wird in Kapitel 4 rezeptbuchartig vorgestellt. Auch genügt es nicht, seine Kunden nur hinreichend zufriedenzustellen, sondern sie müssen höchstzufrieden sein. Beispielsweise besteht für den Automobilbereich zwischen Kundenzufriedenheit und Kundentreue eine S-förmige Beziehung. Abbildung 2 veranschaulicht dies anhand einer aggregierten Treuefunktion der Kundendienstzufriedenheit und Händlertreue.

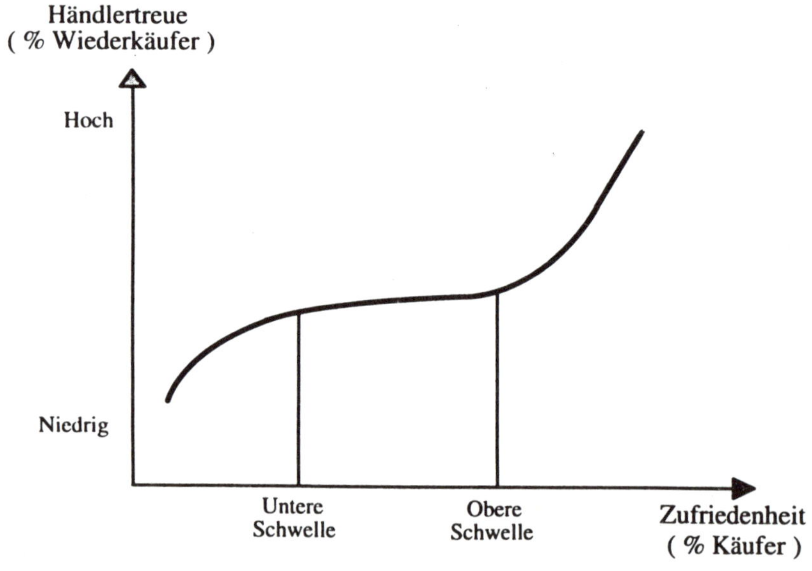

Quelle: Müller, W.: Strategisches Marketing. Ein übersehenes Wettbewerbsinstrument in der Automobilindustrie, in: Die Betriebswirtschaft, 51. Jg. 1991, Heft 6, S. 786 (781-799)

Abb. 2: Der Zusammenhang von Kundenzufriedenheit und Händlertreue mit dem Kundendienst

Dabei wird der nicht-lineare Wirkungszusammenhang von zwei Grenzwerten geprägt. Unterhalb des unteren Schwellenwertes im Bereich schwacher Kundenzufriedenheit erzielen Aktivitäten zur Treuebildung lediglich degressive Zuwächse. Oberhalb des oberen Schwellenwertes als Bereich hoher Kundenzufriedenheit können überproportionale Treueerhöhungen erreicht werden. Im mittleren, annähernd linear verlaufenden Kurvenabschnitt, als Bereich indifferenter Kundenzufriedenheit, sind lediglich marginale Treuesteigerungen erzielbar[6)]. Daraus wird deutlich, daß ein Anbieter seine Kunden maximal zufriedenstellen muß. Denn der Schlüssel zur Kundensicherung und -treue liegt eindeutig in der Kundenzufriedenheit. Nur ein zufriedener Kunde kommt wieder, empfiehlt einen Anbieter weiter und hat weniger Veranlassung, die Aktivitäten der Konkurrenz zu beachten.

3. Qualität produziert Zufriedenheit

Zufriedenheit oder Unzufriedenheit des Kunden sind eine Funktion der Erwartungen in bezug auf die wahrgenommene Leistung.[7)] Anders ausgedrückt heißt das: Werden die Erwartungen erfüllt oder übertroffen, ist der Kunde zufrieden oder sogar erfreut; bleibt die Leistung dagegen hinter den Erwartungen zurück, ist das Gegenteil der Fall.
Im Falle der Kundenzufriedenheit kommt man jedoch mit mathematischen Maßstäben nicht weiter, weil es dafür kein einheitliches Maß gibt. Deshalb kann sie auch nicht direkt gemessen werden.

Wie immer man Kundenzufriedenheit ermittelt - eines steht jedenfalls fest: Vor der Unzufriedenheit seiner Kunden, durch welche Indikatoren diese auch immer ermittelt wird, sollte sich ein Anbieter hüten. Obwohl es ohne Beweisführung einleuchtet, sprechen auch Untersuchungen eine deutliche Sprache, die das Verhalten sowohl zufriedenener als auch unzufriedener Kunden offenlegen. Während nämlich ein zufriedener Kunde nur drei weiteren Leuten seine guten Erfahrungen kundtut, schimpft ein unzufriedener bei elf Personen über seine schlechten Erlebnisse. Dreizehn Prozent der Unzufriedenen erzählen sogar bis zu zwanzig anderen Leuten davon.[8] Dieser negative Multiplikatoreffekt schadet der Reputation eines Anbieters, wenn auch die Personen, die zwar nur davon gehört haben, es ihrerseits wiederum weitererzählen. Ob dies nun auf objektiven Kriterien von Sachleistungen beruht, wie der Rost an einem Autotyp in den 70er Jahren, der das Image der ganzen Marke nachhaltig geschädigt hatte, oder es sich um so subjektive Einstellungen der Kunden wie zu einer bestimmten Airline handelt, die als eine besonders gefahrenträchtige Art der Beförderung gilt. Es kostet viel Zeit und damit Geld, verlorenes Vertrauen zurückzugewinnen.

Häufig sind die kaufkräftigsten Kunden die anspruchsvollsten, die am schwersten zufriedenzustellen sind. Weniger anspruchsvolle Kunden sind dagegen oftmals auch wenig attraktiv für den Anbieter. Denn für einen günstigen Preis gehen sie Kompromisse ein, suchen in der Regel nach den billigsten Angeboten und ihre Treue schwankt, weil sie primär vom Preis abhängt. Zahlungskräftige Kunden können es sich schließlich leisten, das zu verlangen, was genau ihren Bedürfnissen entspricht. Sie zahlen dafür gutes Geld, vielleicht sogar mehr als für vergleichbare Leistungen, die geringfügig von ihren Idealvorstellungen abweichen. Werden ihre Wünsche dennoch nicht voll erfüllt, reagieren sie nicht nur unzufrieden, sondern wechseln wahrscheinlich sogar zur Konkurrenz. Die Treue ist dahin.

So wirkte eine Aussage eines Kundendienstmitarbeiters des Service-Zentrums für eine automobile Nobelmarke vernichtend auf die Kundentreue, und zwar nicht nur für den Händler, sondern für die Marke. Folgendes war geschehen:
Der Fahrer des Top-Modells dieser Marke blieb wegen eines Defekts in der Kraftstoffzufuhr an einem Samstag liegen. Der ADAC wollte, konnte aber nicht helfen. Der Hersteller indes versuchte es gar nicht erst und hielt keinerlei Notdienst bereit, nicht einmal telefonisch im Werk. Erst am Montag konnte Kontakt mit dem nächstgelegenen Stützpunkt dieser Marke aufgenommen werden. Auf die Feststellung des Kunden, daß dieser Umstand unbefriedigend sei, entgegnete ihm der Werkstatt-Mitarbeiter: "Wenn Sie einen Polo gekauft hätten, wäre ihnen gleich am Samstag geholfen worden."
Der Werkstatt- Mitarbeiter hatte seinen Spaß, der Kunde seinen Frust. Schließlich nagt soetwas am Selbstverständnis eines anspruchsvollen Automobilisten. Mit hoher Wahrscheinlichkeit muß eine derart dümmliche Auskunft gravierend negative Folgen für die bisher jahrelange Zufriedenheit und Treue haben.

Eine weitere Kostprobe falsch verstandener Kundenorientierung: Eine Kundin betrat ein Elektrofachgeschäft. Sie sprach nicht akzentfrei deutsch, als sie einen Verkäufer fragte, ob er eine Waschmaschine mit bestimmten Abmessungen führe. Daraufhin verfiel der Verkäufer ins vertrauliche Du und meinte. "Schau halt mal, ob dort drüben was für Dich dabei ist!"
Unsere Dame, als ausländische Dozentin mit gutem Einkommen sicherlich eine potente Kundin, die wegen der Beratung gern im Fachgeschäft kauft, war mit dieser "individuellen" Anrede nicht zufrieden und für dieses Geschäft von einem Moment auf den anderen für immer verloren.

Beispiele für mangelhaftes Verhalten des Kundendienstpersonals gibt es genügend. Wenn man kategorisch aus einem Laden mit der Begründung gewiesen wird, daß jetzt bereits der Feierabend begonnen hätte, wenn der Gesprächspartner anläßlich einer telefonischen Hotelreservierung auf eine nebenbei gestellte Frage barsch wissen läßt, daß man ja schließlich ein Hotel und keine Auskunftei sei oder wenn ein Mitarbeiter eines Software-Hauses sagt, daß die gelieferte Software völlig in Ordnung sei, dafür aber die Anwender davon keine Ahnung hätten, mag dies objektiv vielleicht in Ordnung sein, zur Kundenzufriedenheit trägt es nicht bei.
Stellen Anbieter ihre Kunden nicht zufrieden und orientieren sich nicht an deren Wünschen, brauchen sie sich auch nicht zu wundern, wenn es mit dem Erfolg bergab geht. Häufig liegt es nicht allein an einer ungünstigen Marktlage, wenn die Umsätze unaufhörlich sinken und Unternehmen nachhaltig in die Verlustzone geraten.
Im Umkehrschluß liegt deshalb die Vermutung nahe, daß mit einer hohen Kundenzufriedenheit steigende Marktanteile verbunden sind. Divergieren Kundenerwartungen mit den angebotenen Leistungen, fragt es sich, woran das liegen mag. Sicherlich liegt es an den Kunden, wenn sie mehr erwarten als sie erhalten, will heißen, ihnen mit der Leistung nicht in vollem Umfang gedient wird. Mangelt es also an Kundenorientierung?

Garantiert Kundenorientierung als Führungsphilosophie allein zwar nicht den gesamten Unternehmenserfolg, so wächst jedoch ihre Bedeutung mit der Beratungs- und Serviceintensität einer Sachleistung. Das soll nun nicht heißen, man könne seinen Kunden Sachgüter verkaufen, die sie gar nicht wollen.
Natürlich nicht! Die Sachleistung muß sich sehr wohl an den Wünschen der Kunden orientieren. Darüber besteht kein Zweifel. Zu recht haben Peters und Waterman die Kundenorientierung als einen von acht strategi-

schen Erfolgsfaktoren herausgestellt. Eine wesentliche Komponente der Kundenorientierung sehen sie in der Besessenheit im Service, vornehmlich im After-Sales-Service.[9)]
Die Früchte dieser Kundenorientierung sollen Kundenzufriedenheit und Kundentreue sein. Wenn auch kein linearer Wirkungszusammenhang zwischen Zufriedenheit und Treue besteht, ist dennoch die entscheidende Voraussetzung für Kundentreue die Zufriedenheit.

Wie wichtig Kundenzufriedenheit als Wettbewerbsfaktor geworden ist, zeigt ein Blick auf den PC-Markt.[10)] Da hier das Wachstum stagniert und keine neuen Kunden hinzugewonnen werden können, sollen zumindest die bisherigen Käufer eine ausgeprägte Marken- und Herstellertreue entwickeln. In der DV-Fachpresse vernachlässigt die Branche zunehmend in der werblichen Kommunikation die rein technischen Komponenten und stellt statt dessen den Mehrwert durch Kundenorientierung heraus.

Wollen Anbieter für die Zukunft treue Kunden haben, müssen sie diese in der Gegenwart zufriedenstellen. Ein Kunde ist dann zufrieden, wenn er zumindest das erhält, was er zu erhalten erwartet hat, erhält er mehr, um so besser. Schließlich gilt der Satz: "Qualität produziert Zufriedenheit."
Was ist deshalb zu tun? Natürlich, die Qualität muß gesichert werden.
Die Qualität, aber welche?

3.1. Qualität steckt in verschiedenen Leistungen

Noch bevor man über Qualität und damit über die Zufriedenheit der Kunden spricht, ist zu klären, um welche Art von Leistung es dabei geht. Denn eine materielle Leistung, wie eine Dose Ölsardinen, unterscheidet sich von einer überwiegend unstofflichen Leistung, wie einer life-aufgeführten Oper, wenn es um die Erfassung der Qualität geht, von ihrer Messung ganz zu schweigen. Erst wenn Leistung und zugehörige Qualität definiert sind, können Methoden und Instrumente zur Qualitätssicherung und -verbesserung punktgenau eingesetzt werden.

Zunächst einmal: Es gibt nicht "die" Leistung oder "die" Qualität, sondern das, was die Kunden erhalten, besteht aus einem ganzen Bündel. Es besteht aus Haupt- und Nebenleistungen, aus materiellen und immateriellen Komponenten und folglich auch aus verschiedenen Teilqualitäten.
Ob eine Leistung als eine Haupt- oder Nebenleistung vorliegt, hängt davon ab, welche Rolle sie innerhalb eines Leistungsbündels spielt. Die Komponente, die darin das höchste akquisitorische Potential hat und die Grundvoraussetzung für den Aufbau einer Kundenbeziehung bildet, ist logischerweise die Hauptleistung.
So kauft man eine Dose Ölsardinen im Supermarkt in aller Regel nicht wegen des Augenaufschlags der Kassiererin. Andrerseits geht aber niemand nur in die Oper, weil dort die Bestuhlung mit Samt bezogen ist.

Um welche Art der Leistung es sich deshalb jeweils handelt, kann nur von Fall zu Fall vom Standpunkt des Anbieters wahrgenommen werden. Schwierig ist die Unterscheidung in Haupt- und Nebenleistung besonders im Falle von "reinen" Dienstleistungsunternehmen, also solchen, die überwiegend keine materiellen Produkte hervorbringen. Wo beginnt im

Falle einer Versicherung die Nebenleistung nach dem Kauf der Hauptleistung, sprich dem Vertragsschluß, und wo endet sie?

Bedeutsamer als eine Klassifizierung der Leistungen von der Anbieterseite aus ist die Sicht der Kunden. Ihnen ist es nämlich egal, ob nun Haupt- oder Nebenleistung zu ihrer Zufriedenheit erbracht werden. Sie fordern von jeder Teilleistung beste Qualität. Das heißt, nicht in welchem Maße die Kunden eine Nebenleistung als solche sehen ist wesentlich, sondern wie sie diese wertschätzen und intuitiv auf die Hauptleistung übertragen. Das ist vor allem dann wichtig, wenn Haupt- und Nebenleistung von zwei getrennten Anbietern erbracht werden, wie das bei vielen industriellen Erzeugnissen der Fall ist. Sowohl ein Waschmittel von Unilever als auch ein Auto von Ford wird über vom Hersteller getrennte, selbständige Händler an den Kunden gebracht.
Von daher müssen die Anbieter Spill-Overs interessieren, die von Neben- auf Hauptleistungen übergehen. Wenn der Händler einer Automarke nicht zur Zufriedenheit der Besitzer die (Neben)Leistungen im After-Sales-Service einschließlich Wartungs- und Reparaturarbeiten erbringt, fragt sich, ob die Kunden bei einem Neukauf lediglich den Händlerbetrieb wechseln oder gleich zu einer anderen Marke übergehen. Besonders im Falle von solchen Marken kann letzteres leichter der Fall sein, bei denen die Händler Gebietsschutz genießen. Bei einigen Autofirmen ist zum Beispiel der Kunde an einen bestimmten Händler gebunden, in dessen Gebiet er wohnt, oder er muß sich an eine vielleicht weiter entfernte Werksniederlassung wenden, die in alle Gebiete hineinverkaufen kann. Ob das die Kunden wollen?

Um die Kundenzufriedenheit zu erheben, steht nicht die Einteilung in Haupt- und Nebenleistung im Blickpunkt, sondern die Abgrenzung von

"Dienst"- und "Sach-"Leistung in einem Leistungsbündel.
Was macht eine Dienstleistung aus und worin unterscheidet sie sich von einer Sachleistung? Daß eine Sachleistung immer aus etwas Stofflichem besteht, liegt in der Natur einer Sache. Aber die Folgerung, daß dann eine Dienstleistung immer nur aus etwas überwiegend Immateriellem bestehen muß, ist ein Gerücht, das sich nachhaltig bis heute gehalten hat, ebenso, daß sich der Kundendienst für ein Auto nur auf stoffliche Leistungen erstreckt, die im "Kundendienst-"Scheckheft dokumentiert werden. Deshalb gleich vorab, diese Darstellungen der Dienstleistung und des Kundendienstes sind zu pauschal, um die Kundenzufriedenheit hinreichend zu ermitteln, geschweige denn herzustellen.

3.2. Die Besonderheit der "Dienst"-Leistung

Aber was macht nun eine Dienstleistung aus? Was ist das Charaktistische daran? Definitionen dazu gibt es genügend, dennoch besteht keine Einigkeit darüber.[11] Nimmt man den Dienstleistungsbegriff in den Mund, sollte man jedoch wissen, worüber man spricht.
Grundsätzlich gibt es drei Gruppen von Definitionen, die an verschiedenen Punkten einer Dienstleistung ansetzen, nämlich am Potential für ihre Bereitstellung, dem anschließenden Ergebnis und dem, wie es dazu gekommen ist, nämlich dem Leistungsprozeß.

Die Potentialorientierung geht davon aus, daß das Angebot von Dienstleistungen nicht aus fertigen Produkten besteht, sondern in der Fähigkeit und Bereitschaft, "an externen Faktoren ... gewollte Veränderungen zu bewirken oder gewollte Zustände zu erhalten."[12] Für die Kundenzufriedenheit kann sicherlich das Potential eine Rolle spielen, wie beispielsweise das Ambiente der Geschäftsräume, in denen die Leistung erstellt werden soll oder die Qualifikation des Personals mit seiner Motivation.

Nutzen zieht der Kunde natürlich aus dem, was er erhält, und es liegt nahe, am Leistungsergebnis anzusetzen. Die ergebnisorientierte Betrachtung verwendet deshalb zur Abgrenzung der Dienst- von der Sachleistung am häufigsten das Kriterium der Immaterialität[13], wonach Sachleistungen materielle und Dienstleistungen immaterielle Ergebnisse haben. Wie schon gesagt, ist das zu pauschal. Abhilfe schafft die Differenzierung nach Leistungsbündeln, bei denen Sachleistungen ohne komplementäre Dienstleistungen weder angeboten noch verkauft werden können.[14] Denn diese ergebnisorientierte Betrachtung enthält materielle und immaterielle Komponenten, die nach ihrem Anteil in verschiedenste Leistungsteile unterschieden werden, was Abbildung 3 illustriert.

Materielle und immaterielle Bestandteile finden sich fast überall. Nimmt man die Instandhaltung eines Autos, bestehen die materiellen Bestandteile beispielsweise in neuen Bremsbelägen und ihren technischen Einbaustandards, wie das Anziehen der Schrauben mit soundsoviel Kilopond, was eindeutig festleg- und meßbar ist. Zudem kann man das Ergebnis über die Zeit aufbewahren.
Der immaterielle Teil des Leistungsbündels der Instandhaltung besteht in der Auftragsannahme, Übergabe und Präsentation des Instandhaltungsergebnisses. Dies wird von den Kunden subjektiv und individuell unterschiedlich empfunden. Im Gegensatz zur materiellen Leistung fehlen die Möglichkeiten der objektiven Messung und Aufbewahrung über die Zeit und es fragt sich, ob man hier überhaupt von einem Ergebnis sprechen

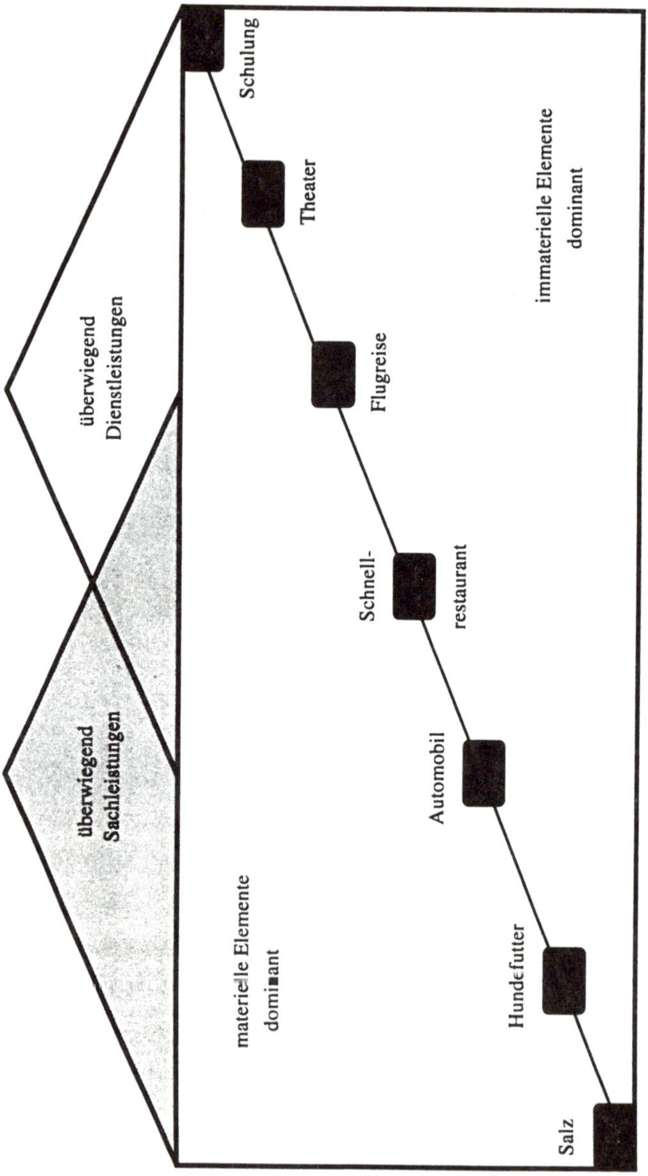

Quelle: In Anlehnung an Ruhston, A., Carson, D.J.: The Marketing of Services: Managing the Intangibles, in: European Journal of Marketing, Heft 8, 1989, S. 28 sowie Shostack, G.L.: How to Design a Service, in: European Journal of Marketing, Heft 1, 1982, S.53

Abb. 3: Materielle und immaterielle Komponenten im Leistungsbündel

kann. Bei einem Fußballspiel besteht das Ergebnis in der Zahl der geschossenen Tore, also im vorangegangenen Ablauf. Doch dazu später.

Stellt man dennoch auf das Leistungsergebnis ab, so liegt etwas Immaterielles vor, das sich in seiner ursprünglichen Form objektiv nicht messen läßt. Lediglich zum Zeitpunkt der Erstellung einer immateriellen Leistung sind einige Teile davon objektiv meßbar, beispielsweise wie laut ein Tenor in der Oper singt (Dezibel), wie groß sein Stimmumfang ist (Hertz) oder in welcher Körperhöhe er seine Hände hält (in % zur Körpergröße), während er singt, wie oft er die Blickrichtung ins Publikum wechselt (Zahl) etc.
Es wird noch zu fragen sein, ob es stets verbindliche Standards geben kann, die ein Anbieter exakt erbringen muß, damit die gesamte Qualität, bestehend aus materiellen und immateriellen Teilen, die Kunden zufriedenstellt.

Zusätzlich zur mangelnden Meßbarkeit sind immaterielle Bestandteile über die Zeit nicht konservierbar. Nicht konservierbar ist eine Leistung immer dann, wenn sie in ihrer ursprünglichen Form nicht aufbewahrt werden kann. In ihrer "ursprünglichen" Form deshalb, um eine Konservierung und Reproduktion mittels Speichermedien (z.B. Film, Diskette) auszuschließen. Schließlich ist es möglich, daß hierdurch Veränderungen auftreten.[15] Das ist denkbar für die Aufnahme der Oper auf analogem Video, dessen Frequenzband nur bis 12.000 Hertz reicht und so nicht alles erhalten bleibt.
Für den Leistungsprozeß der Geschäftsvorfälle des täglichen Lebens wäre eine derartige Speicherung ohnehin irrelevant. Wer hebt sich schon das Abkassieren im Supermarkt auf oder zeichnet die Reparaturannahme in seiner Autowerkstatt auf?

Meß- und konservierbar oder nicht, deutlich wird, daß die ergebnisorientierte Betrachtung die Frage beantwortet, "was" die Kunden erhalten. Sie erhalten ein Ergebnis, das aus einem Leistungsbündel besteht, dessen Dienst- oder Sachleistungscharakter von Fall zu Fall jeweils überwiegen kann.
Ob es neue Bremsen sind, eine Beratung beim Rechtsanwalt oder die Aufführung einer Oper, der quantitative Umfang der Leistung kann von Anbieter und Kunden eindeutig festgestellt werden. 4 neue Bremsbeläge, 4 auf den Streitfall anwendbare Paragraphen mit jeweiligen Rechtsfolgen oder 4 Akte einer Opernaufführung sind mengenmäßig festlegbar. Werden nur 3 Bremsbeläge montiert, nur die Hälfte Paragraphen genannt oder nur zwei Akte dargeboten, ist es nicht das, was der Kunde erwartet hat und er ist zu Recht unzufrieden. Erhält er aber die quantitative Leistung in vollem Umfang als fehlerfreies Ergebnis und ist dennoch unzufrieden und kommt nicht wieder, stimmt etwas anderes nicht. Wurde dem Kunden vielleicht nicht zufriedenstellend gedient?

Spätestens hier nun muß gefragt werden, "wie" die gesamte Leistung, das Bündel also, erbracht wird und wie das der Kunde erlebt.
Nochmals: Menschliche Empfindungen können höchst unterschiedlich sein, wie bei einer Opernpremiere, wenn sich Buh-Rufe und Jubelschreie mischen. Weniger spektakulär verläuft die Reparaturannahme eines Autos. Auch sie ist der direkte Dienst am Kunden, die daran anschließende Reparatur der Dienst an einer Sache, damit sie wieder in Ordnung kommt. Die zuweilen dafür getroffene Einteilung in "kaufmännischer" und "technischer" Kundendienst empfiehlt sich deshalb nicht, weil hieraus nicht hervorgeht, ob an einer Sache gearbeitet oder dem Kunden direkt begegnet wird. "Kaufmännisch" wäre die Erstellung einer Rechnung, "technisch" ein Ölwechsel. Beidemal geschieht dies ohne direktes Zutun

des Kunden mit materiellem Ergebnis.
In erster Linie erleben die Kunden jenes als den an ihnen direkt vollzogenen Dienst, was kein materielles Ergebnis hinterläßt sowie nicht objektiv bewertbar und originär speicherbar ist.

Kapitel 2: Externe Qualität

1. Neben die Produktqualität tritt die kundenspezifische Prozeßqualität

Die prozeßorientierte Betrachtung geht davon aus, daß eine Dienstleistung dann vorliegt, wenn in den Leistungsprozeß des Anbieters sogenannte externe Faktoren integriert werden.[16] Dazu zählen die Kunden selbst oder das, was sie be- oder verarbeitet haben möchten.[17]
Ohne das Zutun der Kunden kann hiernach keine Dienstleistung entstehen. Dazu sind sicherlich externe Faktoren wie Informationen, Rechte, Nominalgüter etc. für den Produktionsprozeß erforderlich und charakteristisch, jedoch ist primär auf die unmittelbare Partizipation der Kunden abzustellen. Sie müssen letztlich immer mit dem Anbieter in irgendeiner Form in Kontakt treten, selbst wenn sie am Automaten Briefmarken kaufen.
Wenn sich die Prozeßorientierung nach der momentanen Teilnahme des Kunden als externen Faktor am Leistungsprozeß richtet, dann zählen ein Haarschnitt als finales, längere Zeit vorliegendes Ergebnis ebenso wenig dazu wie die Narbe eines vollzogenen chirurgischen Eingriffs.

Der Dienst am Kunden ist im wahrsten Sinne des Wortes dann gegeben, wenn der Kunde unmittelbar in den Herstellungsprozeß involviert ist und man ihm direkt dient. Wurde einem Patienten ein Zahn gezogen, dann bleibt die Zahnlücke auch ohne Filmdokumentation erhalten. Es handelt sich um das, "was" geschehen ist. Aber "wie" der Zahn gezogen wird, ob schmerzhaft oder zartfühlend, ist der am Menschen sich vollziehende Dienst.

Selbstverständlich soll alles, was ein Anbieter tut, dem Kunden dienen. Deshalb ist der Dienstleistungs- oder Kundendienstbegriff ein weites Feld, auf dem man trefflich umherirren kann. Ist McDonald's ein reiner Dienstleister oder produziert er auch Sachgüter, wie Pommes Frites aus rohen Kartoffelstreifen? Richtig betrachtet besteht der Dienst am Kunden nicht im Fritieren von Kartoffelstreifen, in der Reparatur von Kühlschränken, im Ölwechsel an Autos, in der Beförderung von Paketen oder in der Beherbergung in Hotels. Der Dienst "am" Kunden selbst macht die Kundendienstleistung aus. Einen Diener, sprich eine Verbeugung, macht ein Anbieter vor seinen Kunden, will er seine Wertschätzung ausdrücken. Das heißt, nicht die sachbezogenen Bestandteile sind der direkte Kundendienst, sondern die personenbezogenen Komponenten, wie die telefonische Reparaturannahme des defekten Kühlschranks, die Übergabe des ölgewechselten Autos in der Werkstatt oder die Abgabe des Pakets beim Empfänger. Dieser individuelle Leistungsprozeß, der sich am oder mit dem Kunden vollzieht, ist in einer ebenso individuellen Qualität zu erbringen. Es ist gleichsam die Qualität, des Augenblicks, in der sie erbracht wird.

Aus diesem Grund sollte nicht pauschal von Kundendienst gesprochen werden. Vielmehr ist in sach- und personenbezogene Dienstleistungen zu unterscheiden. Denn wenn es um die Analyse der Kundenzufriedenheit geht, interessiert, welchen Teilen einer Leistung die Kunden zustimmen und welche sie ablehnen. Wichtig und allein richtig ist, hierfür die betreffenden Leistungsbündel in ihre Bestandteile zu zerlegen, um zu erfahren, wie diese im einzelnen auf die Kunden wirken. Abläufe und Ergebnisse davon werden dabei zwangsläufig unterschieden. Wie man so etwas macht, wird noch ausführlich in Kapitel 4 gezeigt. Deshalb vorerst: Dienstleistung ja, aber bitte sauber differenziert!

Das heißt:

- o Die Dienstleistung zerfällt in personenbezogene und sachbezogene Leistungsteile, die jeweils unter den Aspekten des Prozesses und des Ergebnisses zu sehen sind.
- o Am personenbezogenen Leistungsprozeß ist der Kunde unmittelbar beteiligt. Dieser Prozeß ist originär nicht konservierbar und es fehlt die Möglichkeit seiner wiederholbaren objektiven Bewertung.
- o Das erbrachte Ergebnis sowohl am Kunden als auch an einer Sache ist materiell nachhaltig und wiederholt bewertbar.

1.1. Auf welche Teile einer Leistung kommt es an?

Was bedeutet die vorausgegangene definitorische Differenzierung für die Kundenzufriedenheit?

Sicherlich haben sach- und personenbezogene Teile des Leistungsbündels beide die Aufgabe, Erlöse zu erwirtschaften. Jeder Teil hat eine akquisitorische Funktion im Rahmen des Cross-Selling, um Präferenzen der Kunden zu schaffen. Dies wird vor allem bei sich immer ähnlicher werdenden (sachbezogenen) Erzeugnissen relevant, die sich in ihren physikalisch-technischen Eigenschaften ebenso wie in den Anmutungseigenschaften des Designs kaum mehr voneinander unterscheiden. Das gilt für Autos verschiedener Hersteller genauso wie für die Hamburger großer Fast-Food-Ketten.

Folglich werden die Käufer beim Vergleich der Wettbewerber unsicherer. Weil die objektiven Unterschiede der (Sach)Hauptleistung eines Autos immer kleiner werden, wird eine Kaufentscheidung stärker auf die (Neben)Dienstleistung bezogen, aber dort auch nur auf den Teil, wo Unterschiede festzustellen sind. Welcher Teil ist das? Nun, Bremsbeläge werden bei Autowerkstätten verschiedener Marken gleichermaßen zu näherungsweise gleichen Preisen gewechselt, ein gezogener Zahn hinterläßt sowohl beim Kassenpatienten eine Lücke im Zahnfleisch als auch bei einem Privatpatienten.

Nebenleistungen, wie die Übergabe des Fahrzeuges nach einer Reparatur, die Erklärung der Reparaturrechnung oder das zartfühlende Lächeln der Arzthelferin können dagegen für die Hauptleistung durch einen positiven Imagetransfer[18)] zur Unterscheidung gegenüber dem Wettbewerb beitragen. Abbildung 4 faßt dies zusammen.

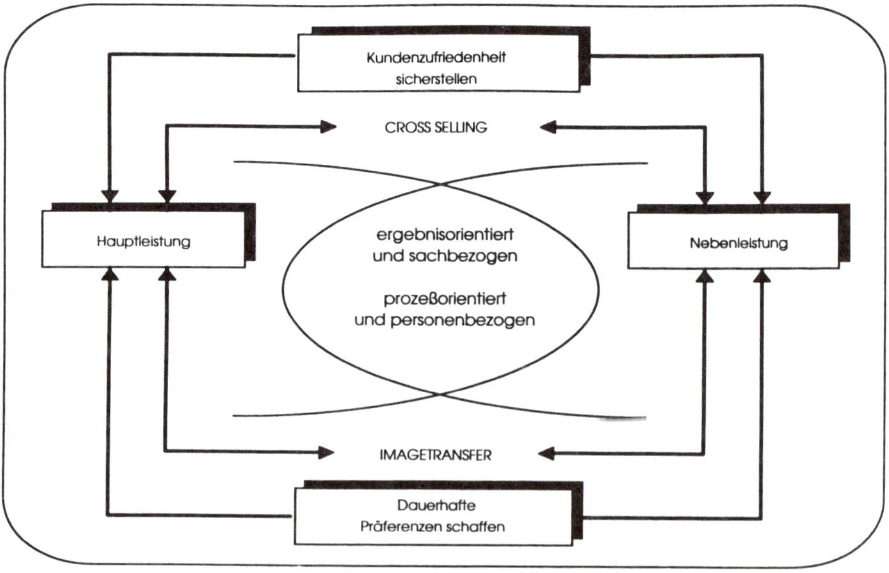

Abb. 4: Aufgaben der Komponenten im Leistungsbündel

Im Falle des indirekten Vertriebs einer Hauptleistung dient das akquisitorische Potential Absatzmittlern und Herstellern gleichermaßen. Gelingt es der Nebenleistung, die Präferenzen der Kunden dauerhaft zu gestalten, kann dadurch nicht nur Markentreue[19)], sondern auch Ladentreue entstehen.
Diese entscheidende Rolle der Nebenleistung belegt eine Untersuchung des nordamerikanischen Automobilmarktes. Dort ergab sich für Ford-Kunden, die mit den Dienstleistungen der Händler sehr zufrieden waren, eine Markentreue von 68% und eine Händlertreue von 40%. Dagegen waren unzufriedene Kunden nur zu 45% markentreu und zu 10% händlertreu.[20)]

Was aber stellt Kunden zufrieden oder, weit wichtiger, was macht sie unzufrieden? Allein die Dienstleistung als Nebenleistung im Automobilmarkt setzt sich aus einer Vielzahl von unterschiedlichen Komponenten zusammen, vom Verkaufsgespräch bis zur Verschrottung. Deshalb, mit was sind Kunden nun zufrieden oder nicht und welche Teile des Leistungsbündels einer Nebenleistung sind für ihre Zufriedenheit besonders wichtig?
Von reparierten Bremsen, fritierten Kartoffeln oder einem transportierten Paket erwartet der Kunde ganz einfach beste Qualität. Hierfür zahlt er sein gutes Geld. Daß reparierte Bremsen funktionieren, Pommes Frites genießbar sind und ein Paket pünktlich ankommt, erzeugt noch keine Zufriedenheit, sondern ist selbstverständlich. Hierin besteht lediglich die Basis, auf der Zufriedenheit entstehen kann und der Kunde wird höchstens eine neutrale Einstellung zur erbrachten Leistung, also dem Ergebnis, entwickeln, weil er hierin noch nichts Besonderes erblickt, was ihm als bemerkenswert auffällt und einen Anbieter vom anderen unterscheidet.[21)]

Was macht schließlich Zufriedenheit aus und worauf kommt es dabei an? Die Bremsen können nach ihrer Reparatur noch so gut halten, wenn man zur Reparaturanmeldung mehrmals hat anrufen müssen, ist das ärgerlich. Die Pommes Frites können noch so gut schmecken, wenn man darauf eine halbe Ewigkeit hat warten müssen, ist der Genuß dahin und die Kunden vermissen die prompte Bedienung. Ein Paket kann noch so pünktlich ankommen, wenn es der Kurierdienstmitarbeiter dem Empfänger mürrisch vor die Füße knallt, wirkt das nicht zufriedenstellend.

Welche Erkenntnis läßt sich daraus ziehen? Daß neben den ergebnisorientierten Komponenten des Leistungsbündels besonders die personenbezogenen Prozesse wichtig sind. Wie sonst könnten gemäß Abbildung 5 68% aller Kundenverluste durch das Verhalten des Personals verursacht werden?

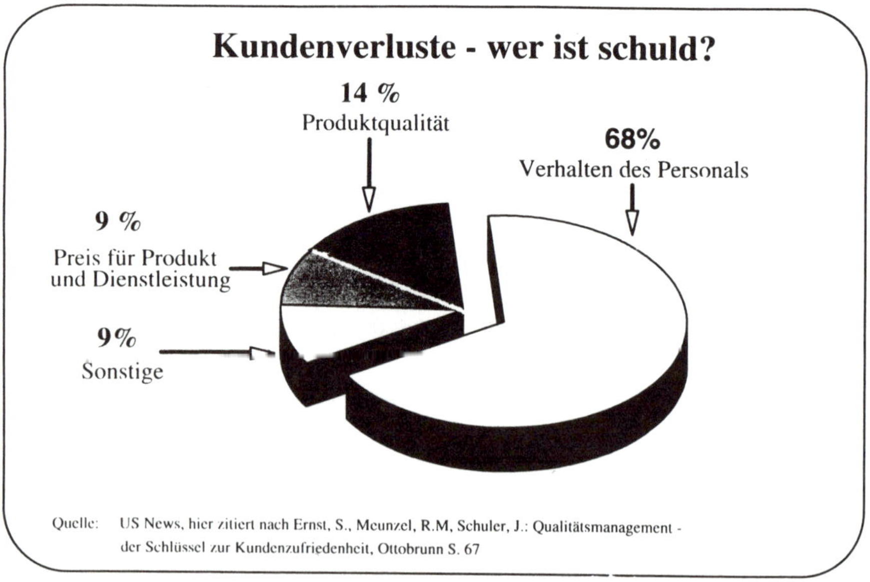

Abb. 5: Die Ursachen von Kundenverlusten

Besonders bedeutsam sind personenbezogene Prozesse in gesättigten Märkten mit gleichartigen Angeboten. Hier ziehen Kunden verstärkt subjektive Kriterien heran, um einzelne Wettbewerber voneinander zu unterscheiden. Denn, wie gesagt, bestehen bei sich immer ähnlicher werdenden Produkten mit physikalisch-technisch häufig gleichen Merkmalen, objektiv nur noch marginale Unterschiede, wie im PC-Markt oder bei Stereo-Anlagen in der Unterhaltungselektronik. Deshalb werden Kunden ihre Kaufentscheidungen stärker auf emotional erlebbare Kriterien verlegen, die aus personenbezogenen Prozessen hervorgehen. Es kann dies die Empfehlung eines freundlichen Verkäufers sein, der auf Kunden fachlich und sozial kompetent wirkt.

Sicherlich, subjektive Kriterien für die Kaufentscheidung sind der Marktforschung seit langem bekannt[22]. Hiernach werden Sachgüter nicht allein um ihrer stofflich-technischen Eigenschaften willen gekauft, sondern ebenso, um damit seinen Mitmenschen zu imponieren. Völlig richtig. Aber auch diese Güter mit Imponieraspekt gibt es von verschiedenen Herstellern, werden bei verschiedenen Händlern angebotenen und unterscheiden sich kaum. Somit sind sachbezogene Kriterien nicht der Punkt, um Kunden zufriedenzustellen und langfristig zu binden.

Was ist es dann? Es ist der Umgang mit dem Kunden, der Ablauf, der bei der Dienstleistungsproduktion hervortritt. Genau darum geht es, um die direkte Beziehung zum Kunden und seine Rolle im Dienstleistungsprozeß. Immer dann, wenn der Kunde aktiv und unmittelbar an der Erstellung der Leistung mitwirkt, unerheblich, ob er mit einem Bankautomaten kommuniziert oder von einem eloquenten Figaro frisiert wird, ist der Tatbestand eines personenbezogenen Dienstleistungsprozesses erfüllt. Im Augenblick des Geschehens muß der Kunde zufriedengestellt werden.

Um nun zu wissen, worauf die Kunden ihre (Wieder)Kaufentscheidungen gründen, muß ein Anbieter wissen, welche Komponenten einer Dienstleistung jeweils im Vordergrund stehen. Die Frage lautet: Wo sind verstärkte Anstrengungen zu machen, wo und wie Akzente zu setzen, um sich vom Wettbewerb positiv abzuheben?[23)] Steht das Ergebnis oder das Erlebnis seines Entstehens für die Kunden jeweils im Vordergrund und was bedeutet das für die zu erbringende Qualität?

1.2. Merke: Qualität ist das, was Kunden dafür halten

Um welche Qualität geht es, welche Qualität muß stimmen und vor allem, wer legt sie fest? Nach DIN/ISO 8402 ist Qualität "die Gesamtheit von Eigenschaften und Merkmalen eines Produktes oder einer Dienstleistung, die sich auf deren Eignung und Erfüllung festgelegter Erfordernisse beziehen."

Bei einem Auto besteht die Qualität aus der Summe seiner Eigenschaften als Bündel von Teilqualitäten (Motorenstärke, Karosserieform, Innenraumgestaltung etc.). Wer legt hier die Qualität fest? Es gab Zeiten, in denen die Anbieter vorgaben, was die Kunden von ihnen kaufen konnten, und manche Autofirmen ihre Neuwagen mehr zuteilten als verkauften oder wo es den VW-Käfer nur in den Qualitäten "Export" und "Standard" gab. Die Qualität des VW-Käfers wurde übrigens bereits Ende der 1930er Jahre vom Anbieter, dem Staat, als sogenannter Kdf (Kraft durch Freude)-Wagen autonom festgelegt.

Und heute? Heute sagen nicht die Anbieter, was die Kunden kaufen sollen, sondern die Kunden bestimmen als "interessierte Kreise", was sie

wünschen und welchen Nutzen sie daraus ziehen wollen.
Im Falle von personenbezogenen Dienstleistungen ist das nicht anders. Arrogante Behandlung der Käufer teurer Sportwagen im After-Sales-Service wird den dauerhaften Erfolg eines Anbieters gefährden.
Letztendlich entscheiden nur die Kunden, ob eine Leistung für sie Nutzen stiftet und die Summe ihrer Eigenschaften für ihre Zwecke eine akzeptable Qualität darstellt, will heißen, ob sie diese positiv bewerten.[24)]

Apropos Nutzen: "Nutzen" ist ein Synonym von "Wert". Anstatt zu sagen, jemand ziehe (erwarteten) Nutzen aus einer Leistung, kann es auch heißen, sie habe für ihn Wert oder sei wertvoll. Durch diese semantische Beziehung wird deutlich, daß Aussagen über Nutzen somit Werturteile sind.[25)] Qualität ist deshalb als das Werturteil der Kunden zu verstehen, weil letztlich nur die Betrachtung von der Kundenseite aus erhellen kann, was als Qualität gut und was schlecht ist. Daraus folgt:
Qualität ist das, was Kunden dafür halten. Eine Computer-Firma bringt in einem Werbeslogan auf den Punkt, wie Qualität richtig zu verstehen ist: "Qualität ist, wenn Sie zufrieden sind." Somit wird diese Qualität extern festgelgt, sprich außerhalb des Einflußbereichs der Anbieter und hat den Markterfordernissen und somit den Erwartungen der Kunden zu genügen. Anbieter müssen folglich ihre internen Leistungen auf die externen Qualitätsansprüche ausrichten.

Wenn Kunden die Art und Weise der Leistung festlegen, die Anbieter zu erbringen haben, können Marktstudien in vielfältiger Art darüber informieren, in welcher Qualität das jeweils sein soll. Erst auf diese Ergebnisse können Anbieter mit ihrer internen Qualität reagieren, also dem, was produziert werden muß, um den Nutzenerwartungen der Kunden und damit der externen Qualität zu entsprechen.

Somit hat Qualität zwei Dimensionen und es gilt der Leitsatz: Interne Qualität folgt der externen. Abbildung 6 faßt diesen Sachverhalt zusammen.

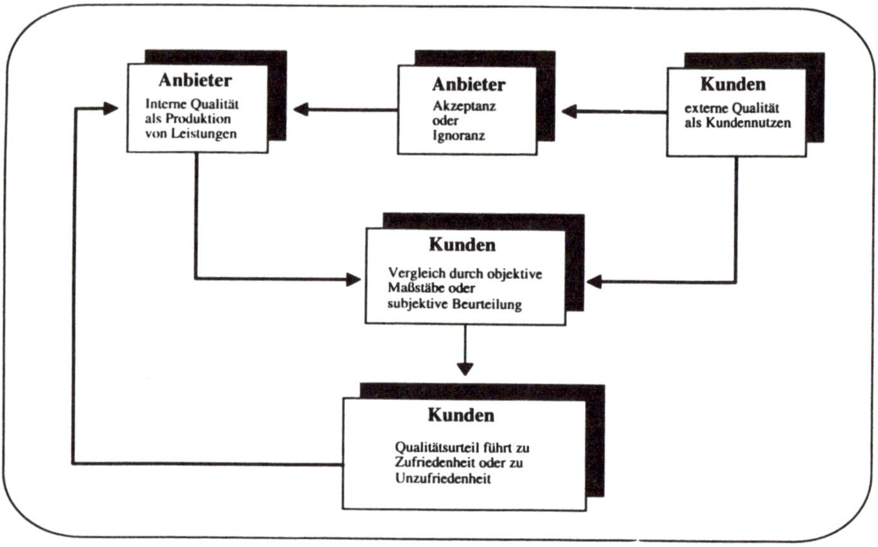

Abb. 6: Qualität als Nutzenerwartung

Die Meinungen können völlig auseinandergehen, ob etwas als gut oder schlecht angesehen wird. Ein Ort divergierender Meinungen kann ein Opernhaus zum Zeitpunkt einer Premiere sein. Bei einem Liter Motorenöl einer bestimmten Spezifikation ist das sicherlich anders. Entweder die angegeben Eigenschaften stimmen (und damit die Qualität) oder sie stimmen nicht. Hier kann es keine geteilten Meinungen geben, weil die Ölqualität objektiv festgestellt werden kann. Aber auch hier bestimmen die Kunden die Qualität. In diesem Falle sind es in erster Linie die Automobilhersteller, die für ihre Motoren als Erstausrüster der Petrochemie die Ölqualitäten vorgeben.

Im Falle industrieller Sachleistungen interessiert die Kunden weniger, wie die Ergebnisse zustande gekommen sind, sondern eher, daß sie ihren Erwartungen entsprechend vorliegen. Tendenziell ist festzustellen, daß Kunden den Grundnutzen in hohem Maße durch die Kerneigenschaften der Sachleistung (Verarbeitung, Haltbarkeit etc.) beziehen. Erwartungen des seelisch-geistigen Zusatznutzens lassen sich vor allem durch darüber hinausgehende Anmutungseigenschaften (Aufmachung, Marke etc.) vermuten. Diese (stofflich-technischen) Grund- und Zusatznutzenerwartungen sind auf das Ergebnis gerichtet und in ihrem Kern objektivierbar.
Für die Hauptleistung im Automobilbereich, dem Auto selbst, wird dies anhand der "MIT-Studie" und der jährlichen Leserbefragung der Zeitschrift "auto motor sport" deutlich. Obwohl Daimler Benz von der MIT-Studie[26)] im internationalen Vergleich auf den vorletzten Platz (vor Jaguar) hinsichtlich der Produktionsfreundlichkeit von Autos im Montagewerk gesetzt worden ist, rangieren Mercedes-Pkws trotzdem weiterhin ganz vorn in der Gunst der Käufer und Autoliebhaber, wie die Verkaufszahlen und die alljährliche Leserbefragung der Zeitschrift auto motor sport belegen. Sicherlich sind die Leser der MIT-Studie mit den Teilnehmern der auto-motor-sport-Befragung nicht identisch. Dennoch erscheinen prozessuale Aspekte der Erstellung industrieller Leistungen aus Kundensicht im Normalfalle von sekundärer Bedeutung und gehen nicht oder nur leichtgewichtig in ihre Bewertung ein.

Wie verhält sich dies für das nicht-industrielle Angebot? Hier geht es um die Bündel von sach- und personenbezogenen Leistungen, was landläufig zusammenfassend und irreführend als "Kundendienst" bezeichnet wird.

Auch hieraus ziehen die Kunden verschiedene Teilnutzen.[27)]
Für den sachleistungsorientierten Teil steht der stofflich-technische Grundnutzen des Leistungsergebnisses im Vordergrund. Befragungen nach der Qualität der sachleistungsbezogenen Dienste von Kfz-Werkstätten, wie sie der ADAC regelmäßig erhebt, zielen überwiegend auf das Resultat von Wartungs- und Reparaturleistungen ab. Vergleiche der Stiftung Warentest, auch wenn es um emotionsbeladene Angebote geht, wie Urlaubsreisen, unterliegen primär der ergebnisorientierten Bewertung mit physikalischen Meßzahlen, die in das Testergebnis eingehen; dazu zählen die Unterbringung in einem Hotel mit Verkehrslärm oder der Transport in eng bestuhlten Charterflugzeugen. Auch zeitliche Aspekte, wie Pünktlichkeit zur Einhaltung eines Termins, sind Daten, die die Kunden wünschen und vom Anbieter zu erbringen sind. Sie sind objektiv meß- und nachvollziehbar.

Der dritte Fall ist, wenn eine industrielle Sachleistung im Handel angeboten, erklärt, gekauft, geliefert und vielleicht danach repariert werden muß. Dabei ist eine eindeutige Bewertung der Teilnutzen und Bestimmung der Teilqualitäten selten exakt möglich.
Wie ist es nun, wenn die Kunden beraten werden, kaufen, das Gekaufte geliefert oder repariert bekommen? Hier nehmen sie ebenso unmittelbar am Leistungsprozeß teil, wie wenn es sich um "reine" personenbezogene Dienstleistungen handelt.

1.3. Der Kunde als Co-Produzent

Ziehen die Kunden ihren Nutzen primär aus dem Prozeßerleben, stehen die subjektiv empfundenen Leistungskomponenten im Vordergrund ihrer Erwartung und Bewertung. Dabei geht es um Abläufe an und mit den Kunden. Es entstehen individuelle Leistungen, die durch ebenso individuelle Interaktionen der Anbieter- und Kundenseite zustande kommen. Abbildung 7 verdeutlicht, daß hierbei die Kunden den Leistungsprozeß direkt beeinflussen können.

Wichtig ist deshalb zu unterscheiden, ob und wenn ja, inwieweit Abläufe der Leistungserstellung aktiv vom Kunden mitgestaltet werden können oder lediglich an ihm vorbeilaufen und er eher in der Rolle des Zuschauers als in der eines Co-Produzenten ist. Eine passive Rolle besteht, wenn Kunden eine telefonische Bestellung aufgeben wollen und ein Tonband ertönt, das man gleich verbunden werde. Stehen Kunden in der Schlange vor der Kasse, müssen sie ebenfalls warten. Sie können am Telefon oder vor der Kasse schimpfen, doch davon wird die Wartezeit nicht kürzer werden. Gleiches gilt für einen Teil der Bedienung eines Bank-Geld-Automaten, dessen Bearbeitungsroutinen sich nicht per Knopfdruck verändern lassen. Der Kunde muß das tun, was ihm der Automat vorgibt und kann nur innerhalb enger Grenzen den Ablauf gestalten. Wohl findet ein Ablauf statt, doch der Kunde wirkt mehr als passives Element und weniger als Co-Produzent an der Leistungserstellung mit.

Beim Fußball spricht man von Standardsituationen. Ein Eckstoß wird als solcher ausgeführt und ein Elfmeter ebenfalls. Durch die Spielregeln wird den Gegenspielern vorgegeben, solange stillzuhalten, bis Eckstoß oder Elfmeter ausgeführt sind. Ebenso ist es, wenn der Kunde am Telefon oder

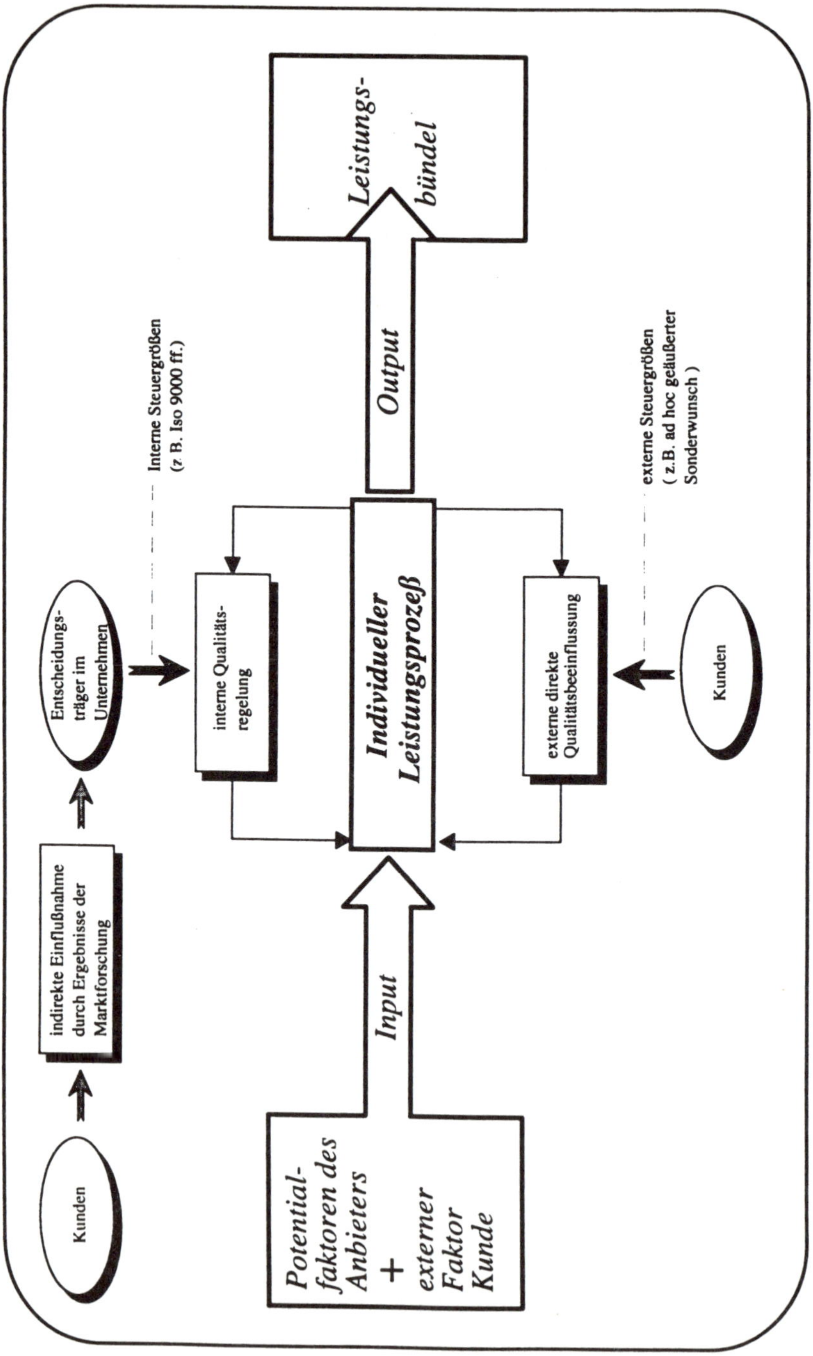

Abb. 7: Einfluß der Kunden auf den Leistungsprozeß

an der Kasse wartet. Er kann dies fröhlich oder ärgerlich tun. Das ist für den Ablauf der Wartezeit unerheblich, wenn kein Personal im Raum ist und ihn bedient oder ans Telefon geht, um den Anruf entgegenzunehmen; vier bis fünf Minuten verstreichen so oder so. Der eigentliche Leistungsprozeß an und mit dem Kunden kommt während dieser Zeit nicht zustande und kann von ihm nicht beeinflußt werden. Die Situation ist sozusagen für den Kunden geschlossen. Er kann allenfalls entscheiden, ob er die Leistungserstellung beanspruchen will oder nicht. Beim zweiten Mal Hören des Ansagebandes kann er den Hörer wieder auflegen und einen anderen Anbieter anrufen, nach fünf Minuten Wartezeit kann er seinen Einkaufswagen in der Kassenzone stehenlassen und in einen andern Supermarkt gehen und, was die Bearbeitungszeit des Bankautomaten betrifft, kann der Kunde nur die Abbruch-Taste drücken.

Anders liegt der Fall, wenn, wie beim Fußball, die gegnerische Mannschaft nach dem Eckstoß aktiv wird und sich in den Spielablauf einmischt, die Verteidiger den Ball erkämpfen oder der Torwart den angestrebten Torschuß durch eine Parade verhindert.
So ist das auch im Falle eines personenbezogenen Dienstleistungsprozesses, der nur durch die Interaktion mit den Kunden zustande kommt. Hier nehmen sie ebenso Einfluß und können sogar die Leistungserbringung in ihrem Sinne verändern; wenn der Anbieter den Hörer abnimmt und der Dialog beginnt: "Können Sie mir einmal erklären, wieso ich mir dreimal diese Ansage anhören muß?" oder wenn der Kunde an der Kasse steht und den Ablauf beschleunigt und zum Kassierer sagt: "Ich stelle die zehn Dosen Bier nicht erst aufs Band und lasse sie gleich im Einkaufswagen". Das heißt, die Teilnahme der Kunden am Leistungsprozeß ist das Unsicherheitsmoment für die zu erbringenden Qualität eines Anbieters.

Der Kunde ist deshalb immer dann als Co-Produzent zu sehen, wenn er Leistungsprozesse aktiv gestalten kann. Es handelt sich um situativ-offene Kundenbeziehungen, die von der direkten Interaktion leben.
Anders dagegen verhält es sich bei situativ-geschlossenen Teilen des Leistungsprozesses. Geschlossen deshalb, weil sie einzig und allein der Anbieter beherrscht und sie vom Kunden nicht unmittelbar beeinflußt werden können.
Somit lassen sich zwei Arten von Situationen im Verhältnis von Anbieter zu Kunden unterscheiden: die situativ-offene und die situativ-geschlossene Kundenbeziehung.
Für die Qualität bedeutet das zusammengefaßt:
Im Falle der situativ-offenen Beziehung können die Kunden auf die Qualität der Leistungserstellung direkten Einfluß nehmen.
Eine situativ-geschlossene Beziehung schließt eine direkte Beeinflussung der Qualität durch die Kunden aus.

Diese beiden Arten der Anbieter-Kunden-Beziehung werden im Kapitel 4., Punkt 2.1.1. herangezogen, wenn es um die kundenorientierte Gestaltung der betrieblichen Organisation geht.

1.4. Grenzen der Standardisierung

Wenn Qualität nicht allein das ist, was Kunden dafür halten, sondern sie von ihnen in situatitv-offenen Beziehungen mitgestaltet werden kann, fragt es sich, ob und wenn ja, wie ein Anbieter diese Qualität zur Zufriedenheit seiner Kunden einheitlich festlegen und erbringen soll.

Bleiben die Kundenanforderungen an die Leistungen konstant, so muß diesen mit gleichbleibender Qualität entsprochen werden. Die Qualitätssicherung beruht dann vor allem auf der Vereinheitlichung von Leistungen, wie man sie bei der Standardisierung als Oberbegriff für die Vereinheitlichung von ganzen Erzeugnissen (Typung) oder Teilen davon (Normung) findet. Die Normung wird auch für Verfahren, Begriffe, Schriften etc. angewendet und wird vom Deutschen Institut für Normung e.V. (DIN) als "die planmäßigen, von interessierten Kreisen gemeinschaftlich durchgeführten Vereinheitlichungen von materiellen und immateriellen Gegenständen zum Nutzen der Allgemeinheit"[28)] definiert. Qualitätsstandards und technische Normen stehen somit für Mindesteigenschaften von Erzeugnissen. Für physisch objektiv meßbare Leistungen können sie hierfür ex ante festgelegt und ex post gemessen werden. Ein Standard wird somit zum Richtmaß.

Für Sachleistungen sind präzise Standards selbstverständlich. Für genormte Sicherungen, Farben oder typisierte Elektromotore trifft der DIN/ISO-Qualitätsbegriff zu. Hieran sind "interessierte Kreise" auch zur Kundenseite hin orientiert, wie das Deutsche Institut für Normung oder der Gesetzgeber. Der Gesetzgeber gibt beispielsweise Sicherheitsgurte für Autos als Ausstattung vor, um der Verkehrssicherheit zu entsprechen. Doch auch wo Anbieter frei in der Leistungsgestaltung sind, können sie Qualitäten nicht autonom festgelegen. Farben, die den Menschen nicht ansprechen, Tonbandgeräte, deren Design nicht dem Zeitgeist entspricht und Werkstoffe, die als schwer entsorgbar gelten, können noch so DIN-genormt und typisiert sein, niemand wird sie kaufen wollen.

Auch für Abläufe, die an einer bestehenden Sachleistung ausgeführt werden, sind Standardisierbarkeit oder Vorgaben an das Leistungsergebnis

kein Problem. Ein Isolieranstrich nach DIN muß soundso viele Zentimeter dick aufgetragen werden und Schrauben eines gewechselten Rades an einem Auto müssen mindestens mit soundsoviel Kilopond angezogen werden, damit das Rad während der Fahrt nicht verlorengeht. Darüber hinaus sind dezidierte Vorgaben für den Werker möglich, wie ein Ergebnis zustande kommen soll, das heißt die Methode einer Verrichtung (Einhand- oder Beidhandarbeit etc.) und die dazu erforderliche Zeit (messende oder rechnende Zeitstudien).
Nochmals zur Erinnerung: Hierbei handelt es sich um Leistungsprozesse, wo weder bei der Erstellung eines neuen Sachgutes noch bei einer Reparatur oder Veränderung desselben der Kunde anwesend sein muß.

Ob ein Verkaufsobjekt vom Anbieter standardisiert werden kann, ist die eine Frage, ob das Standardisierte allen Kunden gleich gut gefällt, die andere. Erscheint es bereits im Falle von Sachleistungen und sachleistungsbezogenen Dienstleistungsteilen schwierig, die externe Qualität so festzulegen, daß sie allen Kunden annähernd gleich entspricht, gestaltet sich ein Maß für die Komponenten des personenbezogenen Leistungsbündels noch problematischer, das auf die Zufriedenheit mit der Qualität schließen läßt.[29)] Doch einen Maßstab braucht ein Anbieter, um verbindliche Standards festlegen zu können.
Dies beginnt schon mit der Qualität der persönlichen Anrede der Kunden und dem Nutzen, den sie daraus ziehen. Für die Qualität einer Taxifahrt können, neben den technischen Komponenten der Beförderung, die personenbezogenen Prozeßkomponenten ausschlaggebend sein. Wer schon einmal in Wien mit dem Taxi gefahren ist, kennt den "Schmäh" der Fahrer. Zuweilen wird hier die Anrede "Herr Doktor" verwendet. Was für einen nichtpromovierten Fahrgast als angenehme Schmeichelei gelten kann, empfindet ein anderer womöglich als ärgerliche Verunglimpfung,

so daß der (Geltungs)Nutzen und damit die Qualität dahin sein können. Im letzteren Falle kann der Taxilenker mit einem komfortablen Auto noch so einwandfrei gefahren sein, Zufriedenheit mit der Fahrt als Ereignis stellt sich nicht ein und die Gesamtqualität wird leiden.
Vielleicht ärgert sich ein und derselbe Fahrgast nicht generell über diese Anrede, sondern nur bisweilen zu Zeiten, wo er aufgrund negativer Ereignisse am Arbeitsplatz wenigsten vom Taxilenker "ernst" genommen werden will. Das ist so, weil der personenbezogene Leistungsprozeß abhängig von der Wechselhaftigkeit menschlichen Verhaltens und individueller Empfindungen ist. Deshalb unterliegt die Bewertung des Prozeßerlebens der Inkonsistenz momentaner Gefühle der daran Beteiligten.
Zwar ist der Verhaltensprozeß für alle Individuen im Prinzip gleich[30)]. Dennoch ergeben sich hieraus keine verbindlichen und durchgängigen Regeln, wie sich Kunden zu einem bestimmten Verhalten motivieren lassen, will heißen, was der Anbieter im jeweiligen face-to-face-Kontakt zu tun oder zu unterlassen hat, damit seine Kunden zufrieden reagieren.

Zusammenfassend wird deutlich: Es ist wohl möglich, sämtliche Komponenten des personenbezogenen Dienstleistungsanteils standardisieren zu wollen, um allen Kunden die gleiche Qualität anzubieten. Aber ist es auch ratsam, wenn man allein die notwendige Mitwirkung der individuell verschiedenen Kunden als externen Faktor und die damit verbundenen Schwankungen im Leistungsprozeß bedenkt und ebenso die intra- und interpersonellen (Leistungs)Unterschiede der Mitarbeiter des Anbieters berücksichtigt?

Interpersonelle Unterschiede der Mitarbeiter liegen naturgegeben vor. Hierauf kann sich ein Anbieter einstellen. Denn so verschieden die Menschen voneinander sind, so unterscheiden sie sich auch hinsichtlich ihrer

Leistungsfähigkeit. Ein Anbieter kann deshalb im Anforderungsprofil einen Mitarbeiterstandard festlegen. Das jeweilige Eignungsprofil hierfür herauszufinden, bereitet dann im allgemeinen keine Schwierigkeit.
Ganz anders ist das im Falle intrapersoneller Schwankungen, wie bei der Leistungsbereitschaft der Mitarbeiter, ihre Fähigkeiten konform zu den Unternehmenszielen einzusetzen. Sowohl der Leistungswillen als auch die körperliche Disposition können bei ein und derselben Person erheblich differieren, von den Einflüssen der Tagesrhythmik ganz zu schweigen.[31)]
Es gibt Tage, an denen ein sonst freundlicher und leistungsstarker Mitarbeiter infolge einer schlaflosen Nacht "völlig daneben" sein kann oder ihn hat die Motivation aufgrund einer zu gering ausgefallenen Lohnerhöhung verlassen, sein Können für den Anbieter einzusetzen. Die Leistungsbereitschaft, also der Willen und die Disposition, daß Mitarbeiter ihre Leistungsfähigkeit zieladäquat und konstant erbringen, ist infolge der Wechselhaftigkeit des menschlichen Wesens stark schwankend und entzieht sich ebenfalls einer Standardisierung.

Was bedeutet das nun für die Qualitätssicherung? Es ist nicht die Frage, für welche Teile von Dienstleistungen sich verbindliche Standards definieren lassen, denn grundsätzlich kann ein Anbieter für alles Standards autonom festlegen. Vielmehr liegt das Problem darin, ob diese Standards allesamt durchgängig vom Personal erbracht werden und, überragend wichtig, inwieweit sie im Falle personenbezogener Dienstleistungen mit situativ-offenen Beziehungen als undifferenzierte Gleichbehandlung vom Kunden akzeptiert werden.
Standardisierbar ist zweifellos, daß ein Kunde nicht länger als sechsmal das Telefon klingeln lassen muß, um seine Bestellung aufgeben zu können oder daß die Wartezeit an der Kasse bis maximal eine halbe Minute betragen darf, damit er bezahlen kann. Doch auch hier weiß natürlich ein

Anbieter nicht, ob sechsmal Klingeln eine lange Zeit ist, sondern die Kunden bestimmen, ob ihnen dieses und jenes zu lange dauert. Der Anbieter kann sich lediglich danach richten, um den Qualitätsvorstellungen seiner Kunden zu entsprechen. Jedenfalls, Standards können gesetzt werden.

Sind die Kunden direkt am Leistungsprozeß beteiligt, legen sie nicht nur die Qualität fest, mit der sie zufrieden sein wollen, sondern sie beeinflussen diese unmittelbar. In diesem Falle sind Standards nicht durchgängig haltbar. Unterschiedliche Menschen sind im Dienstleistungsprozeß unterschiedlich zu behandeln. Lebensalter, soziale Stellung etc., situative oder temporäre Komponenten wie Trauer der Kunden sind in ihre individuelle Behandlung einzubeziehen. Ein heute bedrückter Kunde kann tags darauf in euphorischer Stimmung bei demselben Mitarbeiter eines Anbieters erscheinen. Entsprechend muß der Mitarbeiter reagieren und seine personenbezogene Leistung der Situation angemessen ausrichten.

Standards sind deshalb nur für Standardsituationen möglich und werden aufgrund der Kundenwünsche für situativ-geschlossene Kundenbeziehungen vom Anbieter festgelegt. Doch selbst hier kann sich ihre Einhaltung als problematisch erweisen, wie im Falle des Kunden, der dem standardisierten Gruß des Anbieters mit der Bemerkung zuvorkommt: "Sagen Sie jetzt bloß nicht Guten Tag! Dieser Tag wurde mir nämlich bereits gründlich verdorben!"
Grundsätzlich gilt: Personenbezogene, situativ-offene Leistungsprozesse sind nicht standardisierbar aufgrund der Wechselhaftigkeit menschlichen Verhaltens sowohl auf der Anbieter- als auch auf der Kundenseite.

Weil dem so ist, müssen Teile der Qualität personenbezogener Dienstleistungsabläufe anders als mit Standards gesichert werden. Wie ist das aber zu realisieren?

2. Kontinuierlicher Verbesserungsprozeß und Qualitätszirkel sichern die Dienstleistungsqualität nur zum Teil

Wenn es darum geht, Qualität in Sachleistungen hineinzubekommen und zudem die Abläufe zur Herstellung dieser Qualität kostenoptimal zu gestalten, stößt man auf Begriffe wie Qualitätszirkel (QZ)[32)] oder Kontinuierlicher Verbesserungsprozeß (KVP)[33)]. Sie sind überall da hilfreich, wo Zustände zu quantifizieren und eindeutig meßbar sind. Doch wo es um nicht quantifizierbare Phänomene geht, die weniger im Ergebnis als im Ablauf von Ereignissen mit ungewissem Ausgang bestehen, verlieren QZ und KVP an Wirksamkeit und ihr Einsatz wird fragwürdig. Das Wesen dieser Methoden liegt nämlich in der Verbesserung von etwas, was sich nicht nur im Ergebnis als verbesserungswürdig, sondern auch im Zustandekommen als objektiv nachvollziehbar herausgestellt hat.

Qualität soll von allen Mitarbeitern auf allen hierarchischen Ebenen geschaffen werden. So will es jedenfalls der Gedanke des Total Quality Management (TQM)[34)] als umfassende Management-Philosophie. Damit sich die Mitarbeiter in diesem Sinne verhalten, müssen ihnen solche Ziele vorgegeben werden, die erreichbar sind und, vor allem, müssen die Mitarbeiter wissen, wie sie diese erreichen können und wann sie erreicht sind. In jedem Falle muß ihnen transparent sein, ob sie gute oder schlechte Leistungen im Sinne der Zielvorgaben erbringen.

Ziele, die nicht durchschaut werden, finden wenig Akzeptanz und verfehlen damit ihre motivationale Wirkung. Doch nur motivierte Mitarbeiter werden auf Dauer den Unternehmenserfolg sichern können.
Aus diesem Grunde sehen Qualitätszirkel und Kontinuierlicher Verbesserungsprozeß klassischer Prägung unter anderem vor, Ziele zu vereinbaren und deren Erreichung zu prüfen, Qualitätsfähigkeit zu hinterfragen und Probleme zu erkennen. Damit nicht genug. Um tieferliegende Ursachen von Mängeln offenzulegen, fragt beispielsweise die bei Toyota praktizierte "5-Why-Methode" fünfmal warum, bis die wahren Ursachen erkannt sind, wie dies Abbildung 8 verdeutlicht[35].

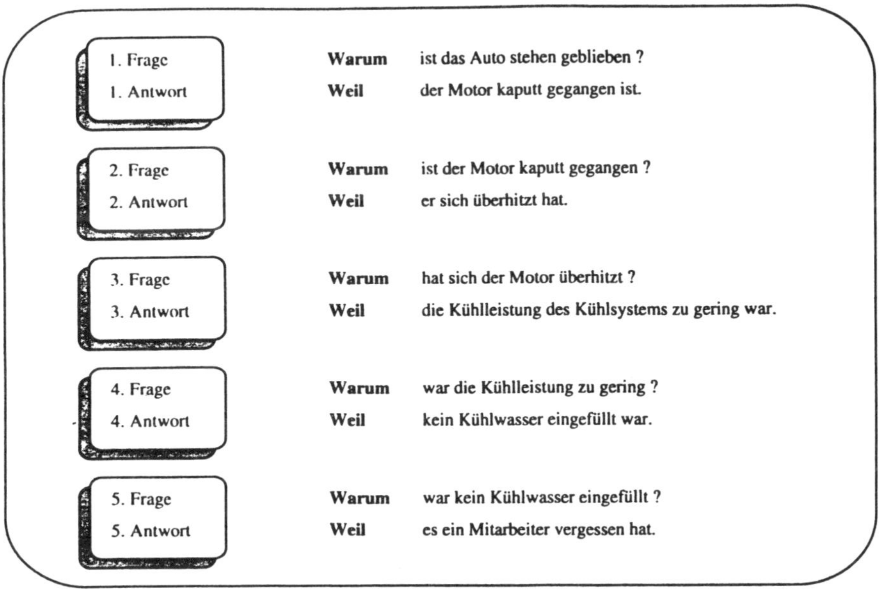

Abb. 8: 5-Why-Methode zur Erkennung tieferliegender Fehlerquellen

Dabei geht es um objektiv feststellbare Tatbestände, die von den Mitarbeitern nachvollzogen werden können.

Sicherlich, auch im Dienstleistungsbereich ist das Ausbleiben der Kunden ein quantifizierbares Problem. Sinkender Umsatz und rückläufige Kundenfrequenz sind meßbar. Ein Teil der Gründe dafür ist quantitativ und problemlos zu hinterfragen. Liegt es an mangelnden Parkplätzen vor den Geschäftsräumen, ist häufig die gewünschte Ware nicht am Lager oder bleiben die Kunden aus, weil wiederholt fehlerhafte Sachleistungen erbracht worden sind oder weil die Wartezeiten auf das Bedienungspersonal zu lang waren. Die Ergebnisse dieser Ursachenforschung sind objektiv belegbar.
Abhilfe ist folglich direkt möglich, indem Parkraum geschaffen wird, man die Vorrätigkeit von Waren am Lager sicherstellt, klassische Qualitätssicherung eingeführt und Wartezeiten aufgrund veränderten Personaleinsatzes verkürzt werden.
Gemessene Fehlerhäufigkeiten und -kosten, dokumentierte Ausschußquoten und Wartezeiten vor den Kundendienstschaltern etc. sind die Ausgangspunkte für Verbesserungen. Hieraufhin kann den Mitarbeitern gesagt werden, "Ihr müßt immer besser werden", weil eindeutige Maßstäbe vorhanden sind, die ein Besserwerden fixieren, sei es aufgrund eingesparter Zeit oder erhöhter Präzision in der Einhaltung vorgegebener Toleranzmaße.

Hingegen erweisen sich für jene Dienstleistungsprozesse, denen ein objektiver Maßstab fehlt und die lediglich subjektiv bewertet werden können, herkömmliche Methoden zur Verbesserung der externen Qualität und -zufriedenheit eher als stochastischer Suchprozeß, weil Kundenzufriedenheit nicht eindeutig meß- und ohne weiteres nachvollziehbar vorliegt. Für

den persönlichen Kontakt mit den Kunden von den Mitarbeitern zu fordern, "Ihr müßt immer besser werden", erweist sich bereits nach kurzer Überlegung als nicht operational. Denn zu verlangen, besser zu werden, das heißt, mehr Qualität im Umgang mit den Kunden an den Tag zu legen, ist eine Forderung, die aufgrund fehlender Bemessungsgrundlagen als nicht haltbar erscheint.
Selbstverständlich ist der Anspruch, alles nicht nur gut, sondern permanent besser zu machen, ein hoher, aber ist er auch in diesem Falle ein operationaler und, vor allem, ein effizienter? Wirtschaftlich ist es, nur dort zu verbessern, wo es etwas zu verbessern gibt. Dann mag die Weisheit stimmen, daß das Bessere der Feind des Guten ist. Doch auch hier muß man das Gute erst einmal kennen und es definieren, um es sodann vielleicht noch optimieren zu können. Sonst kann es sein, daß man sich über ein vorhandenes, aber verkanntes Optimum hermacht und das Gegenteil einer Verbesserung bewirkt.

Bereits für situativ-geschlossene Kundenbeziehungen kann dies der Fall sein. So jedenfalls erging es einem Luxushotel, in dem das Management meinte, zur Begrüßung seinen Gäste mehr als einen freundlichen Empfang an der Rezeption beim Einchecken angedeihen lassen zu müssen. Deshalb wurden, immer wenn ein Gast nach dem Einchecken auf sein Zimmer ging, per Fernbedienung die Fernsehgeräte in den Zimmern eingeschaltet, wo ein Begrüßungs-Spot ablief. Die "Fernzündung" erfolgte dann von der Rezeption aus, wenn das Personal meinte, daß der Gast in seinem Zimmer angekommen sei. Den Gästen indes gefiel diese Aufmerksamkeit gar nicht, da der Fernsehapparat unvermittelt lostönte und die Gäste erschreckte, besonders, wenn sie bereits zum Telefonhörer gegriffen hatten, um ein Gespräch zu führen, und dann die relativ laute Musikuntermalung störend wirkte. Zudem kam, daß sich das Fernsehgerät nur über eine sehr

unübersichtliche Fernbedienung in den Bereitschaftsmodus abschalten ließ und der Aus-Knopf am Gerät deshalb außer Funktion gesetzt war.
Nach kurzer Zeit mußte diese so gut gemeinte Maßnahme, den Empfang der Gäste zu verbessern, wieder zurückgenommen werden.

Für situativ-offene Kundenbeziehungen ist die Aussage, "Ihr müßt immer besser werden", noch problematischer. Denn wo und wie sollen sie an einem personenbezogenen Dienstleistungsprozeß ansetzen, um besser zu werden? Wie sollen sich zudem bei den Mitarbeitern Betroffenheit und Motivation einstellen? Liegen im Einzelfall keine konkreten Beschwerden über das Verhalten einzelner Mitarbeiter vor, wie kann man dann wissen, ob und wenn überhaupt, in welchem Maße nicht hundertprozentige Qualität erbracht wird oder worden ist? Wie soll sich denn ein Mitarbeiter zum Beispiel freundlicher verhalten, der von sich bereits meint, der freundlichste unter der Sonne zu sein?

Deshalb dürfen sachleistungsorientierte Methoden nicht einfach zur Verbesserung der personenbezogenen Prozeßqualität übernommen werden. Vielmehr ist ein differenziertes Vorgehen angesagt, das die Probleme des Anbieters aus der Sicht seiner Kunden konkretisiert und seinen Mitarbeitern vor Augen hält, damit sie gezielt Abhilfe schaffen können.
Kapitel 4 stellt dazu eine geeignete Methode vor.

3. Lean Management und Kundenzufriedenheit - Keine unvereinbaren Gegensätze

Vorgehensweisen wie Kontinuierlicher Verbesserungsprozeß und Qualitätszirkel sind Teile der umfassenden Lean-Management-Philosophie[36)], die in ihrer Totalen lautet: "Von allem die Hälfte!"[37)] Natürlich beschäftigen sich Lean Management und Reengineering[38)] eingehend mit der Qualität. Doch diese beiden Schlagworte stehen primär für Management-Philosophien, die, wie sich gezeigt hat, eine vielfältige Interpretation erfahren haben. Hauptsächlich sind sie kosten- und nicht kundenorientiert.
Ursprünglich aus dem industriellen Bereich stammend, hat Lean Management in weiten Teilen des Dienstleistungsbereiches Einzug gehalten, wie im Falle von Lean Banking oder Lean Administration. Kurz- und vielleicht noch mittelfristig mögen die Unternehmen davon betriebswirtschaftlich profitieren, langfristig ist dies zu bezweifeln, wenn das Schlankmachen auf Kosten der Kunden geht oder, anders ausgedrückt, wenn Anbieter primär kosten- und nicht kundenorientiert "lean" managen.

Sind in der Industrie neben dem Personal die Produktionsflächen, Werkzeugkosten, Durchlauf- und Entwicklungszeiten etc. zu reduzieren, so besteht im Dienstleistungsbereich die "kritische Masse" hauptsächlich in den Mitarbeitern, die man "abspecken" kann.
Im Zentrum der reinen Lean-Management-Lehre steht zwar der Mensch. Diese Humanzentrierung darf aber nicht mißverstanden werden und noch lange nicht heißen, primär am Personalstand anzusetzen und einzusparen, schon gar nicht bei personenorientierten Dienstleistungen. Wird nämlich einerseits das Personal drastisch ausgedünnt, andrerseits bleiben die zu erfüllenden Aufgaben konstant, braucht man sich nicht zu wundern, wenn Umsicht und Freundlichkeit des Personals gegenüber den Kunden sinken,

weil die gestiegene Arbeitslast wenig Raum dafür läßt. Die Motivation der Mitarbeiter wird höchstwahrscheinlich abnehmen.
Fühlen sich Kunden daraufhin vernachlässigt, baut sich ein Aggressionspotential gegenüber dem Personal des Anbieters auf. Der Umgang miteinander kann dann unfreundlicher werden, die Kundenzufriedenheit sinken. Das ist immer wieder anläßlich eines Besuches an den Schaltern der Post zur Hauptgeschäftszeit zu erleben. Dort, wo kein Monopol mehr schützt, sind die Kunden der Post davongelaufen und zu Wettbewerbern gewechselt, die zwar den sachorientierten Teil von Dienstleistungen sicherlich nicht besser erbringen, dafür aber im personenbezogenen Bereich den Erwartungen der Kunden besser gerecht werden. Womit sonst ließe sich der Erfolg der Paket- und Kurierdienste erklären?

Was macht schließlich die Qualität einer Dienstleistung aus, damit der Kunde zufrieden ist? Sicherlich nicht das nachfolgende Negativbeispiel, bei dem eine Bank einen leeren Zinsfreistellungsauftrag mit einem hektographierten Anschreiben an einen Kunden schickte, worin stand, daß man ihm gerne das Antwortformular zur Erteilung oder Änderung eines Freistellungsauftrages übersenden würde mit der Bitte, sorgfältig die Ausfüllungshinweise auf der Rückseite zu beachten, und dies, obwohl der Kunde gerade so einen Antrag ausgefüllt der Bank geschickt hatte. Auf seine telefonische Nachfrage bekam er zur Antwort, die Unterschrift der Ehefrau habe auf dem ersten, ansonsten korrekt ausgefüllten Antrag gefehlt, diesen schicke man aber nicht mehr zurück, dafür aber einen neuen leeren mit diesem Begleitschreiben, weil dies billiger käme. Das ist vielleicht "lean", für den Kunden aber nicht nachvollziehbar und unangenehm.

Allenthalben ist zu beobachten, daß der persönliche Kontakt zum Kunden zunehmend eingeschränkt wird. Ob dies der Automat der Bank ist, von dem man nur eine beschränkte Anzahl standardisierter Leistungen erhält oder ob am Telefon ein Tonband den Kunden mitteilt, wann genau, wie und wie lange er zu sprechen hat ("Bitte sprechen Sie jetzt, vermeiden Sie Sprechpausen. Ihre Nachricht darf nicht länger als eine halbe Minute sein, dann schaltet das Gerät ab)", um seine Bestellung auf Band aufzugeben. Der individuelle Dienst am Kunden bleibt dabei nicht nur auf der Strecke, sondern mit ihm auch die Zufriedenheit jener Kunden, die eine individuelle Bedienung wünschen. Wer gern einmal mit einem Tonband kommunizieren möchte, der wähle den zentralen Buchungsservice der Lufthansa, wo der Anrufer zunächst einem Computer mehrmals mit "ja" oder "nein" antworten muß, bis er von einem Menschen am Telefon empfangen wird.

Schlanke Geschäftsprozesse und Organisationsstrukturen müssen nicht zwangsläufig einen mageren Kundendienst nach sich ziehen. Selbstverständlich können mit Reengineering Abläufe und Strukturen optimiert und schlanker gestaltet werden. Nur darf man dabei die Kunden nicht derart vernachlässigen, daß sie darin einen Nachteil sehen. Deshalb sind zuerst die Abläufe kundenorientiert zu gestalten. Danach kann angesetzt werden, um Aufgaben künftig rationaler zu erledigen.
Unbedingt müssen Kundenorientierung und Wirtschaftlichkeit harmonieren, wie in Abbildung 9 dargestellt.

Allzu leicht kann Sparsamkeit mit Wirtschaftlichkeit verwechselt werden. Anbieter stellen sich selbst ein Bein, wenn sie in Zeiten enger werdender Märkte den Kampf um den Kunden mit undifferenzierten Maßnahmen führen wollen, in dem sie gerade den persönlichen Umgang mit den Kunden auf Sparflamme drehen. Wenn man am Personal für den Kundenkontakt spart, braucht man sich nicht zu wundern, wenn nicht allein die Kosten dafür, sondern in weit größerem Maße die Umsätze wegfallen. Hektographierte Briefe, einsilbige Bedienungsautomaten und mangels Personal in Verkaufsräumen umherirrende Kunden fördern weder Kundenzufriedenheit noch -treue. Der Hotelgast, der per teurem Ferngespräch aus dem Ausland ein Zimmer reservieren will, dort aber zunächst über eine Minute "In The Mood" von Glenn Miller zu hören bekommt, mit dem automatisch wiederkehrenden Hinweis einer weiblichen Stimme "please hold the line", wird das nächste Mal dort anrufen, wo er gleich einen Ansprechpartner am Apparat hat, auch wenn (kostenlos) einige Male das Freizeichen ertönt, bevor dieser den Hörer abnimmt.

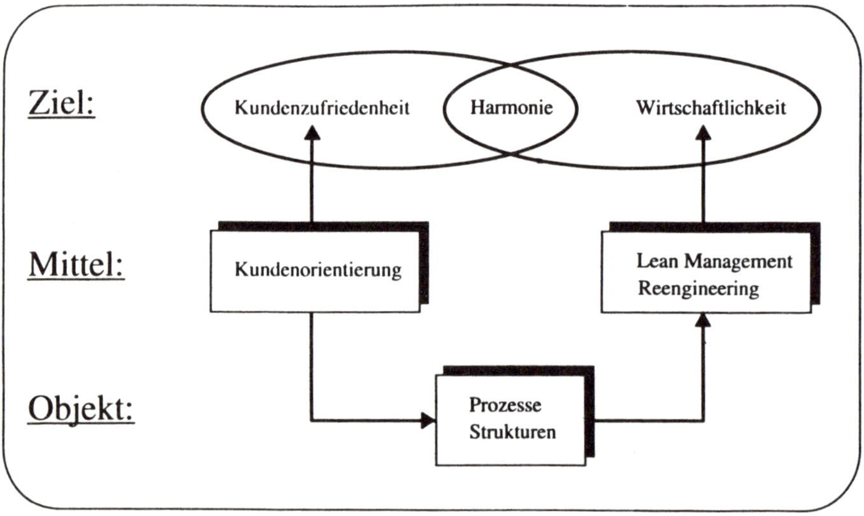

Abb. 9: Kundenzufriedenheit und Wirtschaftlichkeit

Die Telefonauskunft des Branchenbuchverlages begnügt sich nicht, ihre Kunden mit Musik auf deren Kosten warten zu lassen. Vielmehr erfährt der Anrufer, daß sein Warten pro acht Sekunden mit einer Gebühreneinheit in Rechnung gestellt wird. So kann er sich leicht ausrechnen, was die ihm so "geleistete" Wartezeit kostet.

Wie wirkt soetwas auf den Geschäftserfolg? Veranlassen derartige Beziehungen zum Anbieter die Kunden, gerade wieder zu ihm zu kommen, und nicht zur Konkurrenz zu wechseln? Sicherlich nicht. Zufriedenheit und Vertrauen schaffen keine Automaten, an die sich die Kunden wenden können, wenn sie Probleme haben. Sie machen Dienst nach Vorschrift, weil sie nach programmierten Bearbeitungsroutinen tätig sind und nur standardisierte Leistungen hervorbringen. Keinesfalls sind sie in der Lage, auf davon abweichende Kundenwünsche eingehen.

Gerade der persönliche Kontakt, die individuelle Ansprache und Beratung sind es aber, die dem Anbieter ein Folgegeschäft oder Cross Selling ermöglichen. Hier können Beziehungen genutzt werden, für deren Aufbau und dauerhaften Erhalt anonyme Werbung keinen Ersatz bietet. Wo Kunden als gute Bekannte behandelt werden - schließlich bedeutet sprachgeschichtlich "Kunde" nichts anderes als Bekannter oder Vertrauter - wird es ein billigerer Anbieter schwer haben, einen Stammkunden aus einem Laden, Hotel, einer Bank etc. zu sich zu locken.

Eine Studie der Unternehmensberatung A.T. Kearney aus dem Jahr 1990 ergab für die USA, daß kundenorientierte Anbieter bis zu neun Prozent höhere Preise durchsetzen und bis zu sechs Prozent höhere Marktanteile erringen können.[39)] Hier tritt wiederum die Kundenorientierung als eine entscheidende Determinante der Qualität hervor.

Wie sichert man nun diese Determinante, die ihrerseits wiederum aus einer Vielzahl von Komponenten besteht?

4. Ist die ISO 9000 die Lösung aller Qualitätsprobleme?

Spricht man über Qualität, kommt man an der ISO 9000 ff. nicht vorbei. Sie steht für die Einrichtung und Überwachung von Qualitätssicherungssystemen mit verbindlichen Standards. Ob und inwieweit es sich hierbei jedoch um Qualitätsmanagementsysteme handelt, sei dahingestellt. Die ISO-9000-Reihe gibt allgemein vor, wie Prozesse zur Herstellung von Sach- und Dienstleistungen zu gestalten sind und wie danach im Tagesgeschäft zu verfahren ist. Sofern ein Unternehmen die Bedingungen eines Qualitätssicherungssystems erfüllt, kann es hierüber ein Zertifikat für zunächst drei Jahre erhalten.
Für diese Qualitätssicherung werden sämtliche betrieblichen Abläufe im Unternehmen untersucht und dokumentiert. Zweifellos geht hiermit eine Auseinandersetzung mit dem Leistungsprozeß einher und man kann Schwachstellen erkennen, Fehler aufdecken und eliminieren, die sonst vielleicht unbemerkt geblieben wären.

Neben Qualitätshandbüchern sind besonders für die tägliche Arbeit die Verfahrenshandbücher mit ihrem Formularwesen relevant, die detailliert Arbeitsabläufe festlegen. Ist ein Unternehmen oder Teile davon zertifiziert, finden außer jährlichen Routineüberprüfungen alle drei Jahre von externen Prüfern Audits statt, die über den Fortbestand eines Zertifikats entscheiden sollen. Was geschieht aber nun in der Zeit zwischen zwei Audits? Wird hier vielleicht eher eine statische Betrachtungsweise und Behütung des zertifizierten Zustands gepflegt als dessen dynamische Verbesserung vorangebracht?
Protagonisten der ISO 9000 weisen zwar darauf hin, daß ein effizientes Qualitätssicherungssystem auch eine dynamische Qualitätsverbesserung enthalten sollte und es wichtig sei, eine Möglichkeit seiner Veränderung

vorzusehen [40]. Das ist der Anspruch, wie etwas sein sollte, nicht wie es im betrieblichen Alltag ist. Die Erfahrung belegt das in vielfältiger Weise.

Vor der Einführung der ISO 9000 werden die Mitarbeiter dahingehend geschult, daß sie festgelegte Verfahren befolgen müssen. Es liegt in der Natur des Menschen, daß er bestrebt ist, lieber etwas Erlerntes zu bewahren als es permanent verändern zu wollen, zumal, wenn dadurch ein bürokratisches Procedere mit teilweise aufwendiger Dokumentation in Gang kommt.
Normen sollen Bestand haben. Deshalb liegt es nahe, daß einmal normierte Abläufe so bleiben, wie sie festgelegt worden sind. Eine permanente Hinterfragung bestehender Abläufe in Richtung ökonomischer Rationalität mit dem Ansinnen, sie gegebenenfalls zu ändern, erscheint somit wenig opportun. Inwieweit dadurch Innovationen gehemmt werden, wird erst die Zukunft belegen können. Anzunehmen ist indes, daß durch die ISO-9000-Reglementierungen gegebene Verhältnisse eher festgeschrieben werden als die Flexibilität vorangebracht wird mit dem Wunsch, das Gute durch das Bessere zu ersetzen. Die Kreativität der Mitarbeiter wird sicherlich nicht dadurch gefördert, wenn es gilt, das (in aller Regel für viel Geld) erworbene Zertifikat zu bewahren und nicht durch Änderungen zu gefährden.

Die ISO-Qualitätssicherung mit dem Nachweis der Leistungsfähigkeit erfolgt aus der Sicht der Anbieter. Sie sind bestrebt, "etwas richtig zu tun". Doch woher wissen sie überhaupt, ob sie "das Richtige tun"? Das Richtige ist das, was die Kunden wollen, und Kundenwünsche können nicht festgeschrieben und durchgehend standardisiert werden, lediglich die Erfüllung dieser Wünsche ist teilweise normierbar. Doch auch für diesen

Teil kann mit Hilfe der ISO 9000-Normen lediglich gemessen werden, ob ein Anbieter dazu in der Lage ist und es läßt sich objektiv ermitteln, ob die Anforderungen des Qualitätssystems dafür erfüllt werden.
Wie ist das aber mit subjektiv Erlebbarem auf der Kundenseite und mit originären, kreativen Leistungen auf Seiten eines Anbieters? Wie sollte dies vereinheitlicht und an einer Norm objektiv gemessen werden?
Kundendienst im Sinne des Wortes enthält einen Teil nicht normierbarer Komponenten, wenn es um den Dienst am Kunden selbst geht. Inwieweit sich ein Kunde gut oder schlecht behandelt fühlt, ist eine subjektive, nicht standardisierbare Angelegenheit. Daß das Personal motiviert und freundlich ist, kann sicherlich durch ein Regelwerk gefordert werden. Die individuelle Bedienung der Kunden, die zu deren Zufriedenheit führt, läßt sich dagegen nicht zertifizieren, sondern hängt von der Fähigkeit und dem Willen der Mitarbeiter ab, sich jeweils situationsgerecht zu verhalten.

Bemerkenswert ist in diesem Zusammenhang, daß seit Sommer des Jahres 1994 der Begriff "Kundendienst" aus der ISO (9001, Punkt 4.19) verschwunden und durch "Wartung" ersetzt worden ist. Es scheint, als ob die ISO in puncto Dienst am Kunden, externer Qualität und Kundenorientierung eine Lücke läßt. Wo überhaupt kommt in der ISO 9000 ff. der Begriff "Kunde" vor?
ISO-Normisten definieren Qualität als "Erfüllung von Kundenbedürfnissen"[41)] und lassen immer wieder anklingen, wie wichtig es sei, den Bedürfnissen der Kunden zu entsprechen[42)]. Sie verraten aber nicht, wie sie diese ermitteln. Fragt man gesprächsweise nach, bekommt man zu hören, daß hier die ISO 9000 zwar keine expliziten Vorschläge mache, sie es aber selbstverständlich vorsehe, mit geeigneten Vorgehensweisen die Wünsche der Kunden zu eruieren.
Mit der ISO 9000 allein kommt man deshalb nicht weiter.

Kapitel 3: Erforschung der Kundenwünsche

1. Kundenzufriedenheit sichern heißt zunächst, die ganze Wahrheit darüber zu erfahren

Dem privaten Kunden als Endverbraucher ist es relativ gleichgültig, ob ein Anbieter nach ISO 9000 zertifiziert ist oder nicht. Inwieweit beim Endverbraucher Inhalt und Sinn dieses Regelwerks überhaupt bekannt sind und wenn ja, wie er dies für seine Kaufentscheidung einschätzt, kann gegenwärtig nicht belegt, sondern nur vermutet werden.[43)] Daß ihn aber primär solche Leistungen interessieren, mit denen er vollauf zufrieden sein kann, ist axiomatisch.

Was wollen nun die Kunden im einzelnen? Worin erblicken und wie erleben sie Qualität und ziehen ihren Nutzen daraus? Was verursacht ihre Zufriedenheit und, auf der anderen Seite, was ruft ihre Unzufriedenheit hervor und was lehnen sie folglich ab?

Die DIN/ISO 8402 definiert Qualität als "die Gesamtheit von Eigenschaften und Merkmalen eines Produktes oder einer Dienstleistung, die sich auf deren Eignung und Erfüllung festgelegter Erfordernisse beziehen". In diesem Sinne prüfen die Anbieter aus ihrer Sicht, ob Eignung und Erfüllung festgelegter Erfordernisse gegeben sind. Dazu setzen sie an der Leistung selbst an und gehen objektbezogen vor. Erhebungsverfahren, wie statistische Qualitätskontrollen, Fehlerkosten, -möglichkeiten und -einflußanalyse, einstufige Scoringverfahren, die mehrstufige Nutzwertanalyse und natürlich ein Sammelsurium merkmalsorientierter Befragungen sind gängige Hilfsmittel. Hierdurch erhält man aber nicht die Informationen, die zur Sicherung der Kundenzufriedenheit erforderlich sind.

Vielmehr müssen die Anbieter wissen, was ihre Kunden wünschen. Nur hierdurch werden sie "richtig" informiert, was zu tun oder zu lassen ist. Einzig und allein die Kunden bestimmen, ob sich eine Leistung für sie eignet und ihren Erfordernissen genügt. Um diese Informationen geht es.

Wenn nur das, was die Kunden bestimmen, als relevante Qualität zu verstehen ist, verwundert es immer wieder, wenn Anbieter ihre Kunden nach Qualität und Zufriedenheit befragen, indem sie lediglich Fragen aufführen, die ihnen selbst wichtig sind. Zuweilen entsteht sogar der Eindruck, daß es Anbietern unangenehm ist, die Kundenwünsche zu erheben, weil daraus Handlungsbedarf entstehen kann. Eingefahrene Bahnen müßten dann verlassen werden.
In der Tat ist es oftmals so, daß das, was die Kunden interessiert, was sie wünschen und womit sie unzufrieden sind, weitgehend außerhalb der Betrachtung bleibt. Wie sonst könnten Anbieter laufend Fragebogenaktionen veranstalten, wo sie etwas wissen wollen, das ihren Kunden eher als unwichtig erscheint oder gar nicht verstanden wird (hierzu Punkt 1.1.).

Zweifellos ist es aufwendiger, die Qualität, die Kunden meinen, zu erheben, als sie lediglich mit stereotypen Kriterien abzufragen. Dazu müssen Anbieter nämlich höchst subjektiven Empfindungen ihrer Kunden auf die Spur kommen, die mit objektiven Maßstäben nicht erklärbar sind.
Wie schätzen die verschiedenen Fluggäste die Situation am Counter ein, wenn zwar eine Schlange von rund zehn Personen vor ihnen steht, es aber nur jeweils fünf Minuten dauert, bis der elfte und letzte mit der Abfertigung an der Reihe ist? Wie schätzen diese Fluggäste die Situation ein, bei der nur eine Person vor ihnen am Counter steht, deren Abfertigung aber sechs Minuten dauert, bis der nächste einchecken kann?
Ist es für Fluggäste mangelnde Qualität, wenn viele Leute an wenig

Countern stehen, unerheblich von der Abfertigungsgeschwindigkeit, oder präferieren sie nur gering frequentierte Counter, auch wenn es dort länger dauert? Vielleicht sind sie aber auch unzufrieden mit dem Personal, das am gering frequentierten Counter nicht in der Lage ist, einen problematischen Fluggast mit tausend Fragen interventionstechnisch dennoch in kurzer Zeit zufriedenstellend abzufertigen?

Zuweilen gehört viel Gespür dazu, die externe Qualität zu erheben. Dem genügt man nicht mit Fragebogenaktionen oder vorgefertigten, vollstandardisierten Interviews, die keinen Raum für individuelle Betrachtungen lassen.

1.1. Wie man es nicht machen sollte

Herkömmliche Fragenbogen und vollstandardisierte Interviews zur Kundenzufriedenheit sind merkmalsorientiert, weil sie an Qualitätsmerkmalen ansetzen, die der Anbieter vorgibt. Im allgemeinen wählt er dabei Eigenschaften seiner Leistungen aus, die ihm wichtig erscheinen und er meint, davon hinge die Kundenzufriedenheit ab. Für die Kunden können diese aber vielleicht von nur untergeordneter Bedeutung sein. Hieraus entsteht dann ein trügerisches Bild höchstzufriedener Kunden, die trotzdem die Leistungen nicht mehr nachfragen, weil sie mit ganz anderen Merkmalen als den abgefragten unzufrieden sind.

Jeder kennt die scheinbar unvermeidbaren Fragebogen am Ausgang von Supermärkten und Autohäusern oder auf dem Nachttisch in Hotelzimmern, wo von den Kunden und Gästen anhand vorgegebener Fragen und Antwortkategorien stereotype Sachverhalte erhoben werden, wie:

"Sind Sie mit unserem Personal zufrieden?" *0 ja 0 nein*

oder

"Wie beurteilen Sie unsere Räumlichkeiten?" *0 gut 0 weniger gut 0 schlecht*

Daß in einem neueröffneten Spitzenhotel, jedenfalls dem Preis nach, die Gäste nach 22.00 Uhr vom Personal in ihren Zimmern mit der Frage gestört wurden, ob darin irgendwelche Hinweise für den Notfall auslägen, weil am nächsten Morgen eine amtliche Notfallüberprüfung stattfände, oder ob es einen Gast ärgert, wenn er im Restaurant dieser Herberge einen tollen klimatisierten Weinschrank vorfindet und sich ein teures Glas Rotwein bestellt, dieses dann aber von einem unbedarften Serviermädel im Longdrink-Glas serviert bekommt und seine Reklamation mit einem Schulterzucken beantwortet wird, bleibt dabei unerkannt. Wenn der Gast trotz bester Zimmer-Ausstattung und sonstiger luxuriöser Einrichtungen nicht mehr wiederkommt, wird die Direktion nie erfahren, warum. Wenn das Haus, wie geschehen, bald nahezu leersteht und mit Bussen von wild fotografierenden Touristen gefüllt wird, die auch noch die letzten solventen Gäste vertreiben, ist das Management ratlos, wo doch alles bestens erscheint. Die Zimmermädchen wurden als freundlich, die Zimmerausstattung als gut bis sehr gut von den Gästen empfunden - das haben sie schließlich auf den Fragebogen angekreuzt - warum also sind die Gäste ausgeblieben?

Ein Beispiel der besonders bemerkenswerten Art, wie Hotelgäste nicht befragt werden sollten, zeigt die Abbildung 10, die die Seite 3 aus dem fünfseitigen Fragebogen eines Wiener Top-Hotels enthält.

Wie haben wir Ihre Erwartungen im Detail erfüllt hinsichtlich:

		sehr gut................................gar nicht				
1.	Hoteleindruck / Atmosphäre	1	2	3	4	5
2.	von Einrichtungen und Service	1	2	3	4	5
3.	Zimmer	1	2	3	4	5
4.	Service	1	2	3	4	5
5.	Qualität von Getränken und Speisen	1	2	3	4	5

Wie haben sich Ihre Erwartungen erfüllt hinsichtlich Mitarbeiter:

1.	Haltung	1	2	3	4	5
2.	Erscheinung	1	2	3	4	5
3.	Effizienz	1	2	3	4	5

Service in:

1.	Gepäckdienst	1	2	3	4	5
2.	Rezeptionist	1	2	3	4	5
3.	Concierge	1	2	3	4	5
4.	Telefondienst	1	2	3	4	5
5.	Hausdame	1	2	3	4	5
6.	Wäscherei	1	2	3	4	5
7.	Business Center	1	2	3	4	5
8.	Fitness Club	1	2	3	4	5
9.	Management	1	2	3	4	5
10.	Sicherheit	1	2	3	4	5
11.	Garage und Parking	1	2	3	4	5
12.	Technik	1	2	3	4	5
13.	Business Etage	1	2	3	4	5
14.	Reservierung	1	2	3	4	5

Zimmer und Bad:

1.	Komfort und Möblierung	1	2	3	4	5
2.	Reinheit	1	2	3	4	5
3.	Qualität der Ausstattung	1	2	3	4	5
4.	Quantität der Ausstattung	1	2	3	4	5
5.	Licht	1	2	3	4	5
6.	In room Entertainment	1	2	3	4	5
7.	Badezimmer Sauberkeit	1	2	3	4	5

Allgemeinflächen:

1.	Dekor und Design	1	2	3	4	5
2.	Komfort	1	2	3	4	5
3.	Sauberkeit	1	2	3	4	5

Abb. 10: Auszug aus dem Fragebogen eines First Class Hotels

Hat hier der Frager wirklich geprüft, ob die Gäste seine Fragen überhaupt verstehen, damit er durch die Antworten erfährt, wie sie über ihn denken? Der Hotelier erfährt in diesem Beispiel wohl nichts über die Gründe, wenn Erwartungen mit "gar nicht" angekreuzt worden sind.[44] Aussagewert und Informationsgehalt der Antwortkategorien können eher verwirren als aufklären, denn:
Worin liegen die Unterschiede in der "Haltung" und "Erscheinung" der Frage 2 "Wie haben sich Ihre Erwartungen erfüllt hinsichtlich Mitarbeiter:"? Meint "Haltung" die des Körpers oder die des Geistes, mit der man den Gästen gegenübertritt? Ist als "Erscheinung" die des Äußeren der Kleidung und der Frisur gemeint oder ist es die des Verhaltens, ob man zum Beispiel freundlich erscheint.
Der so fragende Hotelier weiß sicherlich, was er wissen will, die Gäste höchstwahrscheinlich nicht. Sie haben lediglich die Möglichkeit der Interpretation. Wenn sie nun "Erscheinung" mit 5 ankreuzen und in der nächsten Frage "Service" den Punkt 14. "Reservierung" mit 1 kennzeichnen, heißt das dann, daß die Reservierung sehr zuverlässig erledigt wird, die Mitarbeiter des Hotels dabei aber am Telefon sich mürrisch verhalten? Wie ist das für die Frage 1. des Gepäckdienstes etc.?
Punkt 3 der Frage 2 erkundigt sich nach der "Effizienz" der Mitarbeiter. Die Effizienz ist gemeinhin das Verhältnis von Ausstoß zu Einsatz und ein Maß der Produktivität oder Wirtschaftlichkeit. Wieso sollte sich ein Gast dafür interessieren und erwarten, daß die Hotelangestellten sich kostenwirtschaftlich verhalten?

So wie dieser Hotelier sollte man es deshalb nicht machen, wenn man seine Kunden nach ihren Erwartungen fragt und inwieweit diese erfüllt worden sind. Sofern die Kunden überhaupt wissen, was mit vorgebenen Merkmalen und kategorisierten Antworten erfragt werden soll, antworten sie einzig und allein hierauf. Ihre wahren Wünsche, Enttäuschungen und Ärgernisse können sie nicht mitteilen. Ihnen bleibt nur der Weg des Lobes oder der einer Beschwerde.

1.2. Merkmalsorientierung vernachlässigt die Kundensicht

Zu merkmalsorientierten Verfahren zählen die Analyse des Globalurteils, die Frequenz-Relevanz-Analyse, die Conjoint Analyse sowie die Multiattributsverfahren. Abbildung 11 gibt einen Überblick über das Vorgehen dieser Verfahren und würdigt sie kritisch.
Multiattributive Verfahren werden am häufigsten eingesetzt, um nach der Zufriedenheit mit der Qualität von Dienstleistungen zu fragen. Dabei haben die Kunden lediglich die Möglichkeit, Stellung zu einer ihnen vom Frager vorgegeben Vielzahl (multi) von Qualitätskennzeichen (Attributen) zu geben, von denen er meint, sie seien den Kunden im Hinblick auf ihre Zufriedenheit wichtig. Aus diesen Merkmalen soll sich letztlich das globale Qualitätsurteil durch die Kunden zusammensetzen.[45)]
Wohlgemerkt, die Annahme dabei ist, daß diese Merkmale für die Qualität entscheidend sind. Andere Kriterien, die vielleicht nicht aus der Sicht eines Anbieters, dafür aber aus der Sicht der Kunden ausschlaggebend sind, werden dabei gar nicht erst berücksichtigt.

Natürlich heißt das nicht, merkmalsorientierte, insbesondere multiattributive Verfahren seien nutzlos. Vielmehr eignen sie sich immer dort, wo ein Anbieter seine Kunden über konkrete Sachverhalte befragt, um aufgrund der Antworten Entscheidungen zu treffen.

Verfahren	Vorgehen	Kritik
Analyse des Globalurteils	Befragung der Kunden hinsichtlich ihrer generellen (Produkt-) Zufriedenheit anhand einer vorgegebenen Struktur	Man erhält nur undifferenzierte Anhaltspunkte, daher ist die Aussagekraft beschränkt
Frequenz-Relevanz-Analyse	Kunden beurteilen Problemfälle anhand einer vorgegebenen Problemliste, wobei die Problemkategorien durch andere Verfahren erhoben werden	Methode muß in Zusammenhang mit anderen Verfahren gesehen werden; es werden nur negative Kunde-Dienstleister Kontakte erhoben; Kriterienvorgabe erfolgt durch den Anbieter
Conjoint Analyse	Beurteilungsobjekte werden von den Kunden nach ihrer Qualität in eine Rangordnung gebracht, um dann die Qualitätsbeiträge einzelner Merkmale und Merkmalsausprägungen berechnen zu können	Kombinationsmöglichkeiten der einzelnen Merkmale und Merkmalsausprägungen sind beliebig; Aufstellung einer Rangordnung erlaubt keine konkreten Aussagen über das Qualitätsurteil des Kunden
Multiattributverfahren	Mit Hilfe einer Liste werden Bedeutungs- und Eindruckswerte aus Kundensicht ermittelt, analysiert und zu Globalurteilen verdichtet	Es wird unterstellt, daß sich die wahrgenommene Servicequalität aus der Summe der bewerteten Einzelmerkmale ergibt; es ist das populärste Konzept

Abb. 11: Merkmalsorientierte Verfahren

Will eine Fluggesellschaft wissen, ob sie das Outfit ihrer Stewardessen künftig anders gestalten soll, um das Erscheinungsbild des Bordpersonals zu verbessern, wird sie hiernach fragen. Äußern die Fluggäste aber durchweg, ihnen gefielen die bis dato getragenen Uniformen gut und sie sollten so bleiben, kann auf eine Neueinkleidung verzichtet werden.
Interessiert es ein Autohaus, ob die zeitliche Verfügbarkeit seines Reparaturdienstes ausgeweitet werden sollte, fragt es seine Kunden, ob sie werktags rund um die Uhr, an Wochenenden vormittags etc. eine Verfügbarkeit wünschen.
Ist ein Versandhändler unsicher, ob er im Falle der telefonischen Auftragsannahme seine Kunden bis zu einer Minute am Telefon warten lassen und sie solange kostenlos mit Musik oder Informationen unterhalten kann, bevor der Anruf entgegengenommen wird, fragt er sie danach. Lehnen die Kunden längere Wartezeiten ab, muß sich die telefonische Auftragsannahme danach richten.

Generell können merkmalsorientierte Erhebungen im Hinblick auf die Kundenzufriedenheit verläßliche Ergebnisse liefern, aber eben nur aufgrund solcher Fragen, die den Anbieter interessieren. Informationen dazu stehen schnell und kostengünstig mittels multiattributiver Verfahren zur Verfügung, besonders, wenn eine standardisierte und geschlossene Fragestellung verwendet wird. Aber sind diese verläßlichen Ergebnisse auch aufschlußreich? Ein Beispiel für diese Art Befragung gibt Abbildung 12.
Wenn die Kunden aufgrund dieses Fragebogen überwiegend die Aussage verneinen, "Das Werkstattpersonal gibt sich große Mühe, auf die Wünsche und Belange der Kunden einzugehen", sagt dieses Pauschalurteil nichts darüber aus, warum man sich keine Mühe gibt und wie sich das konkret darstellt. Die Gründe der Kunden für eine negative Bewertung bleiben weitgehend im Dunkeln. Ob es an einer personellen Unterbeset-

Nachfolgend haben wir verschiedene Eigenschaften zusammengestellt, die eine Auto-Werkstatt haben kann. Bitte geben Sie zu jeder Eigenschaft an, wie stark sie auf diese Werkstatt zutrifft.

Bitte wählen Sie aus der Skala für jede Eigenschaft die für Sie am besten zutreffende Note aus

trifft genau zu		trifft überwiegend zu		trifft teilweise zu		trifft weniger zu		trifft nicht zu	
10	9	8	7	6	5	4	3	2	1
Note									

	Note
1. Die Frist zur Voranmeldung für die Werkstatt ist kurz genug	
2. Man braucht bei der Reparaturannahme nicht lange zu warten	
3. Auf die Frage, was die Arbeiten denn etwa kosten, erhält man jederzeit eine Antwort	
4. Die Werkstattarbeiten werden so schnell wie möglich durchgeführt	
5. Das Werkstattpersonal gibt sich große Mühe, auf die Wünsche und Belange der Kunden einzugehen	
6. Man kann sich darauf verlassen, daß das Werkstattpersonal die Ursachen für die Mängel am Fahrzeug richtig erkennt	
7. Man kann darauf vertrauen, daß die beanstandeten Mängel sorgfältig und gründlich behoben werden	
8. In der Werkstatt dieses Betriebes bemüht man sich um eine ehrliche Beratung und Information der Kunden	
9. In der Werkstatt dieses Betriebes weiß man sein Fahrzeug in guten Händen	
10. Kleinere Arbeiten, die nur wenige Minuten dauern, werden in der Werkstatt unbürokratisch außerhalb des normalen Werkstattaufenthalts durchgeführt	
11. Die Reparaturen werden preisgünstig durchgeführt	

	Note
12. Auf die Einhaltung von der Werkstatt zugesagter Termine kann man sich immer verlassen	
13. Es kommt praktisch nicht vor, daß sich die Durchführung von Reparaturen wegen fehlender Ersatzteile verzögert	
14. In besonders dringenden Fällen kann man sich auf die Hilfsbereitschaft des Werkstattpersonals verlassen	
15. Bei der Werkstatt kann man sicher sein, daß keine unnötigen Arbeiten am Fahrzeug durchgeführt werden	
16. Die Information über die Art der am Fahrzeug festgestellten Mängel und der durchgeführten Arbeiten ist ausgezeichnet	
17. Die Fahrzeugabholung klappt reibungslos und ohne unnötige Wartezeiten aufgrund noch nicht fertiger Rechnungen oder ähnlicher Dinge	
18. In der Werkstatt achtet man sorgfältig darauf, daß die Fahrzeuge nicht verschmutzt werden	
19. Das Werkstattpersonal hat genügend Zeit sich um jeden einzelnen Kunden zu kümmern	
20. Man wird in der Werkstatt dieses Betriebes in jeder Hinsicht hervorragend bedient 21. Ich würde die Werkstatt dieses Betriebes weiterempfehlen	

Abb. 12: Auszug aus einem merkmalsorientierten Fragebogen eines Automobil - Herstellers

zung und damit Überlastung der Kundendienstmitarbeiter liegt, die keine Zeit für den einzelnen Kunden haben und ihm hektisch und gestreßt gegenübertreten, kann noch mittels Frage 19 teilweise erhellt werden. Ob es an mürrischem Personal liegt, das zwar Zeit, aber keine Motivation hat und die Kunden generell abzuwimmeln versucht, kann ebenso nicht geklärt werden wie die Frage, ob verschiedene Kunden den Eindruck gewonnen haben, daß sie aufgrund ihrer Herkunft oder bestimmter sozialer Kriterien schlechter als andere Kunden behandelt werden.

Wie soll ein Anbieter Abhilfe schaffen, wenn er gar nicht weiß, wo im einzelnen die Ursachen für eine schlechte Bewertung liegen? Darüber hinaus besteht, wie gesagt, das Problem, daß er lediglich Antwort auf Fragen erhält, wo er meint, Entscheidungs- oder Handlungsbedarf haben zu können.

Vergleichbar ist diese Art der Informationserhebung mit dem Fall jener Ehemänner, die nur einmal kurz Zigaretten holen wollten und dann zum größten Erstaunen ihrer Frauen nie mehr zurückgekehrt sind. So ist das auch bei den für immer verlorenen Kunden; und das, obwohl sich Anbieter und Ehefrauen stets erkundigt haben, ob und inwieweit ihre Qualitäten geschätzt werden.

Was ist daran falsch und liefert mißdeutende Ergebnisse? Ganz einfach. Die Ehefrau fragt beispielsweise ihren Mann, ob sie gut koche oder ob er sie attraktiv finde, weil sie meint, dies sei mit das Wichtigste für eine gemeinsame Harmonie. Daß ihm vielleicht ganz andere Eigenschaften den Nerv töten könnten, fällt ihr nicht ein.

Ebenso ist es mit einem merkmalsorientiert fragenden Anbieter. Er will von seinen Kunden ja auch nur das wissen, wovon er meint, es sei entscheidend für ihr Qualitätsempfinden und somit für ihre Zufriedenheit mit seinen Leistungen. Wenn eine Autowerkstatt fragt, ob man an der Kun-

dendienstannahme sofort bedient werde oder ob das Personal freundlich sei, kann das zwar uneingeschränkt bejaht werden, nur es kommt nicht zum Vorschein, daß es als nerv- und zufriedenheitstötend empfunden wird, wenn man als Stammkunde jedesmal nach seinen Daten befragt wird und diese dann langwierig in die EDV eingegeben werden.
Hierin liegt das Problem! Hätte die Frau vielleicht nur einmal ganz offen und allgemein gefragt, ob ihren Mann an ihr etwas stört, sie hätte es erfahren und sich ändern können. Hätte ein Anbieter seinen Kunden die Gelegenheit gegeben, völlig frei und ohne Vorgaben zu äußern, was ihnen an seinen Leistungen mißfällt, er hätte sie verbessern und seine Kunden zufriedenstellen können.

Natürlich, irgendwann kommt indirekt zum Vorschein, daß den Kunden etwas nicht gefallen haben muß, nämlich immer dann, wenn sie ausbleiben. Dann ist es jedoch zu spät. Verlorene Kunden zurückzuholen oder neue dazuzugewinnen, kostet bekanntlich bis zu fünfmal soviel wie einen alten zu halten. Um seine Kunden an sich zu binden, um sich ihre Zufriedenheit und Treue zu sichern, muß ein Anbieter wissen, was er dafür zu tun und zu lassen hat. Er muß gleichsam die ganze Wahrheit darüber erfahren, was seine Kunden schätzen und womit sie zufrieden sind. Die ganze Wahrheit!

2. Ereignisorientierung ist Kundenorientierung

Wenn man weiß, daß Qualität nicht das ist, was ein Anbieter produziert, sondern das, was die Kunden dafür halten, muß man sie danach fragen. Über objektive Maßstäbe der Produktqualität von Sachleistungen können auch neutrale Gutachter befinden. Geht es um die Prozeßqualität personenbezogener Dienstleistungen, wie sie die Kunden subjektiv empfinden, müssen sie von sich aus berichten.

Damit das, was die Kunden interessiert, was sie wünschen und was sie ärgert, tatsächlich zum Vorschein kommt, sollten sie dies frei artikulieren können. Ereignisse, worüber sie sich geärgert haben, Wünsche, die nicht erfüllt und Erwartungen, die enttäuscht worden sind, können höchst vielfältig sein. Deshalb kann und wird es niemals einen Katalog geben, der alle Kriterien dafür enthält, um diese Vielfalt zu erheben. Somit liefern Antworten auf Fragen, wie "Sind Sie mit Diesem oder Jenem zufrieden?", nur einen Bruchteil der Informationen, die ein Anbieter braucht, um zu wissen, was seine Kunden wirklich wollen und was nicht.

Vor allem beim unmittelbaren Kontakt mit den Kunden können für sie einmalige Ereignisse auftreten, die besonders enttäuschend sind. Obwohl vielleicht über Jahre hinweg stets zur vollen Zufriedenheit der Kunden gearbeitet worden ist, kann ein einziger Vorfall, auch nur eine dumme Bemerkung des Personals, die Zufriedenheit und Treue nachhaltig erschüttern. Auf solch ein, wenn vielleicht auch seltenes Ereignis, stößt man nicht durch vorgegebene Fragen und Antwortkategorien, die die Qualität des Kundendienstes erheben sollen. Antworten Kunden auf die Frage "Ist Ihnen bei einer Panne rasch geholfen worden?" mit nein oder kreuzen absolute Unzufriedenheit an, kann dieser Mißstand für einen überzeugten Fahrer einer exotischen Marke durchaus hinnehmbar sein, wenn das der Kundendienst-Mitarbeiter später erläutert und werbende Argumente für das Auto findet, wie "Wir haben festgestellt, daß unsere Autos höchst selten kaputtgehen, so daß sich eine 24-Stunden-Bereitschaft für die einzelne Werkstatt nicht lohnt. Daß dies aber nicht zentral vom Hersteller angeboten wird, finden wir auch nicht gut und versprechen Ihnen, uns diesbezüglich einzusetzen, damit hier Abhilfe geschaffen wird." Der Kunde sieht, daß er nicht allein gelassen wird und ist mit dem Vorangegangenen zwar nicht zufrieden, für die Zukunft aber zuversichtlich, weil man ihn und seinen Ärger ernst nimmt und sich darum kümmert. Er wird wahrscheinlich seine Loyalität aufrechterhalten.

Somit wird deutlich, daß merkmalsorientierte Fragestellungen die Gefahr bergen, nichts über den wahren Grund der Unzufriedenheit auszusagen, bei der eben nicht das generelle Fehlen einer 24-Stunden-Bereitschaft ausschlaggebend ist, sondern das unbedarfte Auftreten des Kundendienstpersonals, wie an dem eingangs erläuterten Beispiel verdeutlicht worden ist.

2.1. Wie Qualitätsurteile zustande kommen

Gerade die Eigenheiten der personenbezogenen Dienstleistungen bringen es mit sich, daß vom Kunden selbst gemachte Erfahrungen als Episoden im Gedächtnis gespeichert und weniger als abstrakte Merkmale memoriert werden. Die Kunden neigen dazu, besonders intensiv erlebte Ereignisse als Anekdoten weiterzuerzählen und nicht als kategorisierte Merkmale darzustellen. Diese Mund-zu-Mund-Propaganda zufriedener, mehr aber noch der unzufriedenen Kunden, spielt eine wichtige Rolle für die Einstellungen derjenigen, die von den Ereignissen gehört, diese selbst jedoch nicht erlebt haben. Denn auch nur eine einmal gemachte negative, dafür aber gravierend schlechte Erfahrung spricht sich erfahrungsgemäß schnell herum. Zuweilen berichten sogar die Medien über besonders krasse Fälle der Kundenbehandlung. Nicht nur Lokal- oder Regionalpresse schalten sich ein, sondern auch das Fernsehen, wie jeden Samstagabend der Sender von RTL mit einer eigenen Fersehshow ("Wie Bitte?!") mit jedesmal bis zu sechs Millionen Zuschauern. Daraufhin entstehende Imageschäden bewirken, daß potentielle Kunden abgeschreckt und aktuelle kritischer werden.

Einstellungen, ob sie nun auf direkten Erfahrungen beruhen oder aus zweiter Hand stammen[46)], bilden sich aufgrund von Qualitätsurteilen über die angebotenen Leistungsbündel. Eine Studie im Automobilhandel[47)] belegt eindeutig, daß für die Kundentreue die personenbezogenen Prozeßkomponenten in Abbildung 13 dominant sind, die letztlich externe Qualität determinieren.
Qualitätsurteile hierzu kommen aufgrund von Erlebnissen zustande, die von den Kunden als Zwischenfälle wahrgenommen werden. Ihr Urteil über die Gesamtqualität bildet sich nicht etwa, indem sie die einzelnen Teile einer Leistung als abstrakte Merkmale und Teilqualitäten relativ gewichten und aggregieren. Vielmehr sind derartige Erlebnisse häufig nur "Augenblicke der Wahrheit" (moments of truth)[48)], in denen sich die Kunden ihren Eindruck über die Qualität des Anbieters verschaffen. Es sind dies Eindrücke von Teilqualitäten, die als repräsentativ für das ganze Qualitätsbündel stehen. Das heißt, eine mißlungene Einzelheit allein kann die ganze Leistung verderben. Es ist wie mit dem Haar in der Suppe, das ein gesamtes Menü ungenießbar werden lassen kann.
An die Stelle der rationalen Bewertung tritt eine subjektive Einschätzung.

Anforderungskriterien (Anspruchsniveau)	**Wurde von x% der Probanden genannt**
Zuverlässigkeit in der Arbeitsausführung	**52 %**
Freundlichkeit des Personals	**41 %**
Schnelligkeit bei der Arbeitsausführung und prompte Bedienung	**18 %**
Preistransparenz (Nachvollziehbarkeit bzw. Erklärung der Rechnung)	**17 %**
Preis- Leistungsverhältnis	**13 %**
Termintreue / Terminzusagen einhalten	**12 %**
Seriösität des Händlers / Vertrauenerweckende Firma	**10 %**
Persönlicher **Ansprechpartner**	**8 %**
Nur **Notwendige Arbeiten** durchführen	**7 %**
Beratungsqualität / Beratungskompetenz	**3 %**

Abb. 13: Kriterien für Kundentreue im Automobilhandel

In Situationen, in der personenbezogene Dienstleistungen erstellt werden, läßt sich das so beschreiben, "daß die erlebte Qualität in der Stunde der Wahrheit geschaffen wird, wenn der Dienstleistende und der Abnehmer in der Arena zusammentreffen".[49] Diese Augenblicke sind es vor allem, die den Kunden nachhaltig im Gedächtnis bleiben.

2.2. Verfahren zum Aufspüren von qualitätsbildenden Erlebnissen

Fragen, wo es im Dienstleistungsprozeß zu diesen Augenblicken der Wahrheit kommt, was dabei geschieht und wie sie die Kunden wahrnehmen, können aufgrund des bereits in der Praxis vorhandenen Instrumentariums hinreichend beantwortet werden. Die bekanntesten Verfahren seien im folgenden kurz erläutert.

Zunächst zur Frage "wo":
Das Blueprinting[50)] zeigt jene Punkte als "Line of Visibility" auf, an denen das Dienstleistungssystem des Anbieters für die Kunden sichtbar wird und wo sie Kontakt zu ihm haben. Abbildung 14 veranschaulicht ein vereinfachtes Blueprint für den After-Sales-Service im Automobilbereich. Wie häufig Kontakte an den dargestellten Punkten sind und wie wichtig sie deshalb für den Dienstleistungsprozeß sein können, kann zusätzlich noch durch quantitative Erhebungen vertieft werden, zum Beispiel durch Erfassung von Kundenanrufen, Beratungsgesprächen, Barzahlungen etc.

Wie hilfreich ist dieses Blueprinting, das eine Line of Visibility aufzeigt, an welchen Punkten des Dienstleistungssystems die Kundenkontaktpunkte liegen? Augenfällig werden dabei über wesentliche Funktionen keine Aussagen getroffen, welche der Kunde unmittelbar zwar nicht wahrnimmt, die aber für den erfolgreichen Kontakt mit ihm auf dieser Linie erst die Voraussetzung für seine Zufriedenheit bilden.
Der Kundenkontakt zur Reparaturannahme eines Autos beinhaltet im allgemeinen die Zusage des Anbieters, wann der Kunde sein repariertes Auto wieder abholen kann. Die Zusage kann noch so freundlich gemacht werden und die Entschuldigung noch so bedauernd ausfallen, wenn das

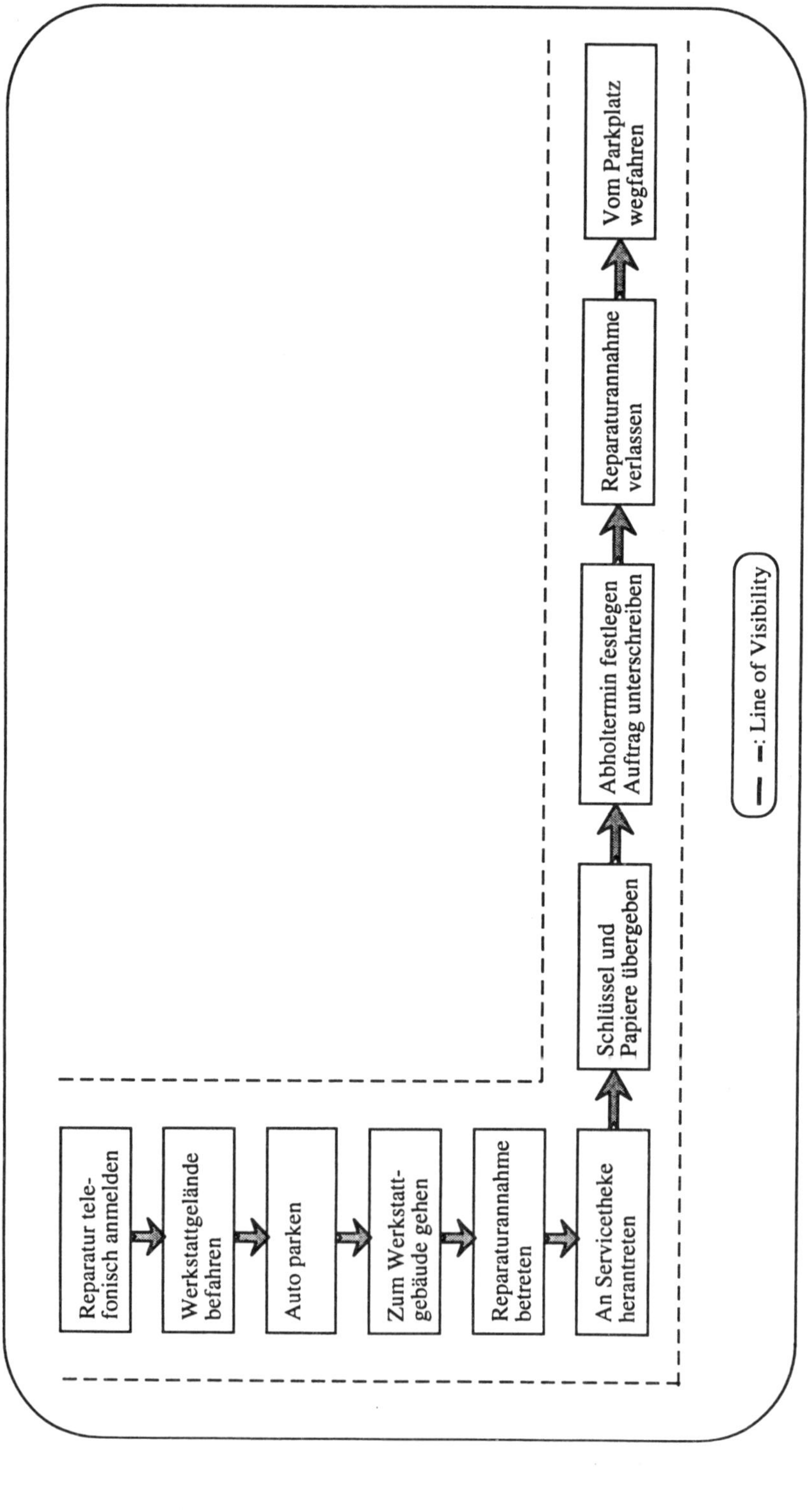

Abb. 14: Blueprint der Reparaturannahme eines Autos

Auto zum zugesagten Termin nicht bereit steht, weil ein dazu erforderliches Ersatzteil nicht auf Lager war und es erst bestellt werden mußte. Der Kunde wird nicht zufrieden sein.
Diese Unzuverlässigkeit kann daraus resultieren, daß wichtige Funktionen außerhalb der Line of Visibility vom Anbieter nicht oder mangelhaft erfüllt worden sind. Dies ist der Fall, wenn trotz der Festlegung des für die Reparatur erforderlichen Teilebedarfs sowie der mit positivem Ergebnis erfolgten Prüfung seiner Vorrätigkeit der Lagerplatz dennoch leer ist, weil Teile entnommen und nicht abgebucht worden sind. Ebenso können Einlagerungen am falschen Platz die Ursache sein.
Diese Funktionen, wie die der Lagerhaltung, erlebt der Kunde nur mittelbar. Wenn ein zugesagter Termin nicht eingehalten wird, tut er dies negativ.

Die unmittelbare und evidente Unzuverläßigkeit fußt auf einem nicht eingehaltenen Versprechen. Wird ein zugesagter Termin dem Kunden gegenüber nicht erfüllt und damit die Pünktlichkeit verletzt, hat dies jedoch meist tieferliegende Ursachen, an denen er nicht beteiligt ist, auch wenn sie ihm als Entschuldigung angedient werden. Wie das Beispiel der Nichteinhaltung eines Reparaturtermins infolge Teilemangels in Abbildung 15 verdeutlicht, sind es Funktionen außerhalb der Line of Visibility, die zwar für die Kunden unsichtbar (invisible) sind, jedoch entscheidend für ihre Zufriedenheit sein können.

Ebenso verläuft der Kundenkontakt "Bestellen eines Ersatzteils" an der Theke einer Autowerkstatt nur erfolgreich, wenn das Teil im Lager vorrätig ist. Deshalb ist die Funktion "Teile bevorraten" mit ihren Implikationen ebenso wichtig wie die Funktion "Bestellung entgegennehmen". Eine wirkungsvolle Teilebevorratung ist die Basis, um einen Kunden zu-

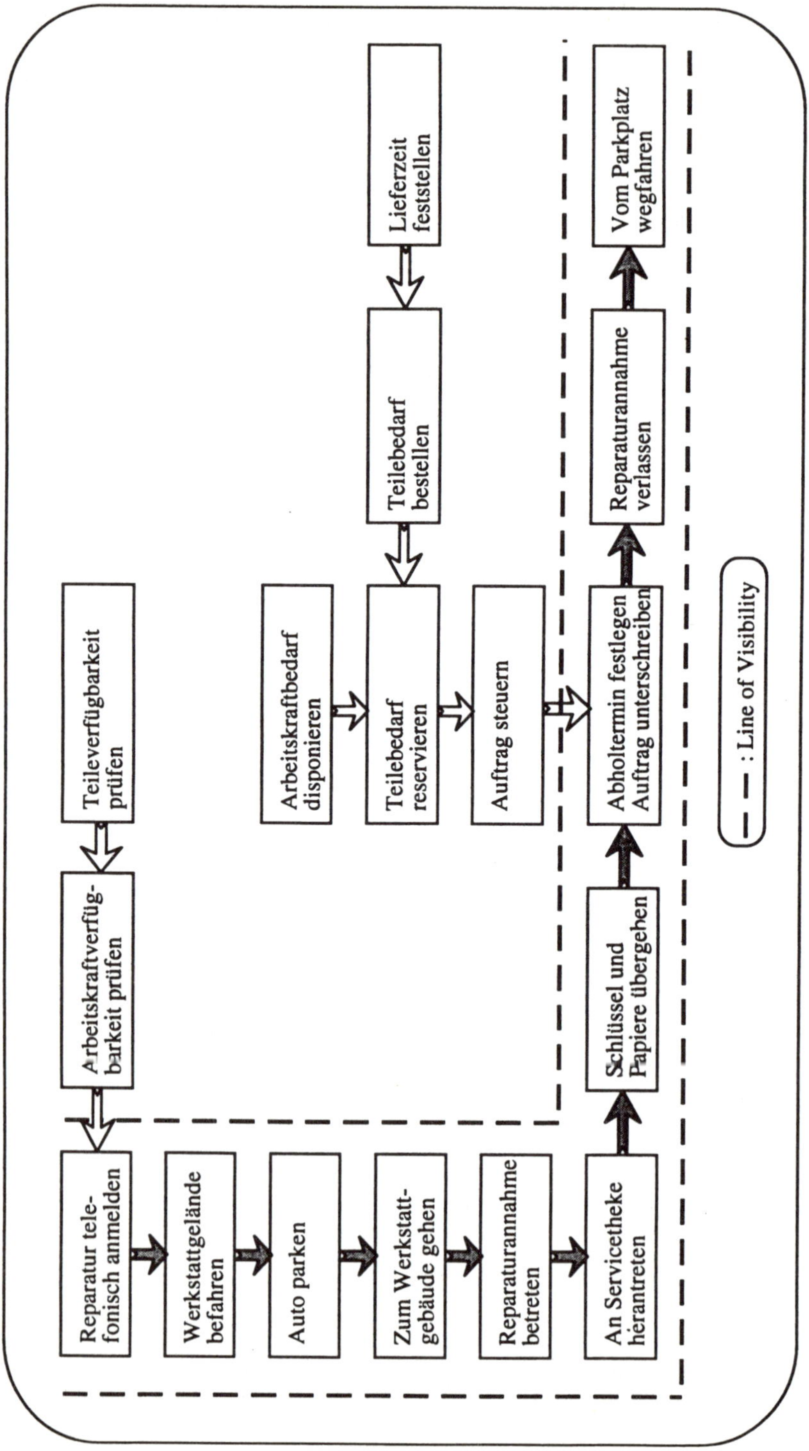

Abb. 15: Line of Visibility der Reparaturannahme mit für Kunden "unsichtbaren" Funktionen

friedenstellend zu bedienen. Der Kundendienstmitarbeiter kann nur sagen, "Sie werden sofort bedient", wenn er weiß, daß er das Versprechen auch halten kann, weil er das Ersatzteil vorrätig hat.
Folglich müssen diese Funktionen ebenso berücksichtigt werden wie die der Kontaktpunkte selbst.

Doch der Reihe nach! Hat man die direkten Kontaktpunkte festgestellt, folgt die qualitative Kontaktpunkt-Erlebnismessung, für die es verschiedene Verfahren gibt[51)], die Abbildung 16 zusammenfaßt. Mit ihnen erfährt man etwas über die Qualität dieser sichtbaren Kunden-Anbieter-Beziehungen.

Die Beobachtung der Kontaktsituationen gibt Aufschlüsse über evidente Mängel im Dienstleistungsprozeß, wie beispielsweise am Counter einer Fluggesellschaft. Können zwar Beobachtungseffekte bei den Kontaktpersonen mittels Kameras oder Multimomentaufnahmen reduziert werden, bleibt eine entscheidende Einschränkung: Nicht alle Verhaltenskategorien lassen sich durch Beobachtung untersuchen und aus dem beobachteten Verhalten kann man nur unzureichend auf das Situationserleben der Kunden schließen.
Um auf das Beispiel der Fluggäste vor dem Counter zurückzukommen: Wie erleben sie eine Warteschlange davor? Sie sagt nichts über die Wartezeit aus. Durchaus können zehn flugerfahrene Passagiere, die vor dem wartenden elften eine Schlange bilden, schneller abgefertigt werden als hinter nur einem einzigen dort stehenden Fluggast, der selten fliegt und tausend Fragen und Wünsche vorbringt. Sich hinter diesem als nächster anzustellen, kann zum Trauma werden.
Wie wird in beiden Fällen die Qualität beurteilt? Ist es die Schlange vor dem Counter oder vielleicht die Wartezeit, die Fluggäste unruhig werden

Verfahren	Vorgehen	Kritik
Beobachtung	Offene oder verdeckte Beobachtung von Personen in der Kunde-Dienstleister-Interaktion	Hohe Kosten, Zeitaufwand und ein evtl. auftretender Beobachtungseffekt; wenig Aussagekraft, da kaum Informationen über das subjektive Kontakterleben des Kunden vorhanden
Lob- oder Beschwerde-analyse	Kundeninitiierte Berichterstattung, daher keine spezifische Methode der Daten-erhebung	Nur wenig Kunden geben i.d.R. von sich aus Informationen an das Unternehmen, daher eher begrenzte Aussagekraft sowie Probleme der Repräsentativität
Sequentielle Ereignistechnik	Basiert auf den Erkenntnissen des Blueprinting; Zerlegung der Leistung in Teilprozesse; Kunden memorieren Kontaktpunkte und schildern ihre Erlebnisse	Probanden müssen auf vorgegebene Kontaktpunkte antworten und be-urteilen so möglicherweise Punkte, die für sie normalerweise unbedeutend sind
Kritische Ereignistechnik	Kunden schildern besonders positive oder negative Erlebnisse aus der Kunde-Dienstleister-Interaktion	Das individuelle Qualitätserlebnis wird am optimalsten ermittelt, aber die Durchführung ist zeitlich und monetär sehr aufwendig

Abb. 16: Ereignisorientierte Verfahren

läßt und sie deshalb die Abfertigung als mangelhaft empfinden?
Beobachter, die als Dienstleistungskunden getarnt auftreten, werden hierzu wenig Abhilfe schaffen, weil sie eben nicht wie "wahre" Kunden empfinden. Durch professionelle Beobachter können Routineeffekte ins Spiel kommen, die das Ergebnis verfälschen. Hinzu kommt, daß diese Inspektoren häufig vorgegebene Servicestandards prüfen, demnach wiederum nur Dinge, die dem Anbieter wichtig sind.
Sicherlich können diese Scheinkunden einen Teil der situativen Faktoren und Verhaltensmerkmale des Kundenkontaktpersonals erfassen, wie den Grund der langen Wartezeiten am Counter aufgrund mangelnder Fremdsprachenkenntnisse des Bodenpersonals. Die Zahl der "Moments of Truth" bleibt jedoch dabei begrenzt.

Die Lob- und Beschwerdeanalyse gewinnt aus Kundenzuschriften oder der direkten Kommunikation wesentliche Informationen über die Augenblicke der Wahrheit. Lob und Beschwerden geben Auskunft über gravierend positive oder negative Erlebnisse. Zwar sind diese Informationen schnell und kostengünstig zu beschaffen, im Hinblick auf den Lob- oder Beschwerdeführer wie auch hinsichtlich der berichteten Vorkommnisse sind sie nicht repräsentativ, da nur ein Bruchteil der Kunden von sich aus über negative oder positive Ereignisse berichtet. Hinzu kommt, daß im Durchschnitt zehn Beschwerdebriefen nur ein Dankesbrief gegenübersteht.[52)] Außerdem beschweren sich Kunden selten schriftlich über primär subjektiv beurteilbare Qualitätskriterien, wie es bei Unfreundlichkeit des Personals der Fall ist. Gleiches gilt, wenn spezifische Rollenerwartungen und -wahrnehmungen sowie hohe Emotionalität im Spiele sind.
Werden Beschwerden unmittelbar zum Zeitpunkt der Kundenkontakte gegenüber dem betroffenen Personal geäußert, behalten die Mitarbeiter

diese Informationen vermutlich weitgehend für sich und leiten sie nicht an das (Qualitäts-)Management weiter, um keinen schlechten Eindruck über sich und ihre Leistungen entstehen zu lassen. Das liegt in der Natur der Menschen.

Die sequentielle Ereignismethode basiert als phasenorientierte Kundenbefragung auf den Ergebnissen des Blueprinting. Anhand der hierdurch entstandenen Kontaktpunkte werden die Kunden in persönlichen Interviews gebeten, den Ablauf ihres Dienstleistungserlebens nochmals gedanklich nachzuvollziehen und das Erleben der einzelnen Augenblicke der Wahrheit ausführlich zu schildern. Mit offen strukturierten Fragen werden zudem bei jeder Kundenkontaktsituation der wahrgenommene Ablauf, die Empfindungen und Beurteilungen erfragt.
Während sich die Beschwerdeanalyse nur auf bestimmte Teilleistungen bezieht, befaßt sich die sequentielle Ereignismethode mit allen Interaktionen, auch wenn die Kunden zu einem Teil davon weder Positives noch Negatives zu sagen haben. Deshalb ist mitunter dieses Vorgehen problematisch, da die Kunden bei der Befragung auf vorgegebene Kontaktpunkte antworten sollen, die ihnen in ihrer Beurteilung des Dienstleistungsprozesses vielleicht gar nicht aufgefallen sind. Das heißt, Sachverhalte werden bewertet und bekommen so eine Bedeutung, die für die Kunden im Normalfall eher bedeutungslos sind.

Das Verfahren der kritischen Ereignisse ("Critical Incident Technique")[53)] erfaßt und wertet Interaktionen der Anbieter-Kunden-Beziehung aus, die als Erlebnisse bei den Kunden besondere Zufriedenheit oder Unzufriedenheit auslösen. Wie oben angesprochen, drücken Kunden diese kritischen Kontakterlebnisse in kurzen Geschichten aus, die ihnen einfallen, wenn sie ihre Erfahrungen mit einem Anbieter und weitererzählen.

Deshalb werden solche Geschichten mit Hilfe offener Fragen erhoben. Hierdurch regt man die Kunden an, über besondere Erlebnisse nachzudenken und diese dann ausführlich zu beschreiben. Dieser Erhebung der Erlebnisse folgt ein mehrstufiges Auswertungsverfahren, in dem aufgrund von Inhaltsanalysen typische Erlebniskategorien gebildet und die Häufigkeiten der berichteten Erlebnisse kategoriebezogen ermittelt werden.

Mit der Critical Incident Technique ist es höchstwahrscheinlich, daß man Informationen über alle Qualitätsmerkmale des von den Kunden erlebten Dienstleistungsprozesses erhält, da nicht nach ausgewählten und vorgegebenen Kontaktpunkten gefragt wird. Hierdurch erfährt ein Anbieter die ganze Wahrheit über das, was seine Kunden von ihm erwarten und wie sie die Qualität seiner Leistungen wahrnehmen. Dafür muß er ihnen die Möglichkeit geben, sich frei zu äußern. Frei heißt, weder Fragen nach bestimmten Sachverhalten vorzugeben, noch die Antworten in Kategorien zu zwängen. Die Kunden müssen folglich von sich aus berichten können, welche Kriterien ihnen für die Qualität und Zufriedenheit wichtig sind und in welchem Maße diesen jeweils entsprochen wird. Nur so können sie alle aus ihrer Sicht wesentlichen Aspekte zur Sprache bringen. Sie sollen sich nach Herzenslust artikulieren, sei es, um Lob zu äußern und, weit wichtiger, um "richtig Dampf abzulassen", das heißt alle (subjektiv) erlebten Ärgernisse kundzutun. Ebenso gehen positive oder negative Ereignisse in die Betrachtung ein, die die Befragten zwar nicht selbst erlebt, sondern von anderen erzählt bekommen haben.
Dies alles ermöglicht die ereignisorientierte Befragung. Durch sie erfährt ein Anbieter, ob es Schwachstellen in seinem Kundendienstbereich gibt und wie dies gegebenenfalls die Kunden einschätzen; und er erfährt das Entscheidende, nämlich die Ursachen dafür.

Darüber hinaus sind Informationen über die Mindesterwartungen der Kunden an das Angebots- und Dienstleistungsniveau relevant, die sich aus den Ereignisschilderungen ergeben, wie:
"Ich hatte mich so auf mein repariertes Auto gefreut, um damit in Urlaub fahren zu können. Da trifft mich doch fast der Blitz, als ich nach Feierabend mein Auto abholen will. Da soll ich doch eine Rechnung bezahlen, soviel ist mein Auto bald gar nicht mehr wert. Die an der Kasse sagt, wenn mir an der Rechnung was nicht paßt, muß ich halt bis morgen warten, weil jetzt ist es nach Feierabend und niemand mehr da, der sich mit der Rechnung auskennt. Das ist doch allerhand. Ich will schließlich wissen, wofür ich überhaupt soviel bezahlen soll."
Dieses negative Ereignis beschreibt die Ursache der Unzufriedenheit, die nicht allein im hohen Preis liegt, sondern im Personalmangel am späten Nachmittag. Die Mindesterwartung des Kunden aus seiner Schilderung ist eine genaue Erläuterung der einzelnen Positionen der Rechnung zum Zeitpunkt ihrer Entgegennahme.

Aus diesem Ereignis wird die Aufgabe deutlich, die sich einem Anbieter stellt: Problemursachen erkennen, punktgenaue Lösungen definieren und diese in die Praxis umsetzen.
Im Grunde ist das nichts Neues. Die praktische Durchführung ist das Problem.

Merkmals- und ereignisorientierte Befragungen schließen einander nicht aus, sondern sind als gegenseitige Ergänzung zu sehen, wenn es um die Erhebung der Kundenzufriedenheit geht (ausführlich Kapitel 4, Punkt 3). Der Informationswert und die daraus fließenden Erkenntnisse der unterschiedlichen Verfahren sind, je nach Fragestellung, unterschiedlich hoch. Eines ist diesen Verfahren jedoch gemeinsam: Sie führen für sich allein

genommen noch zu keiner Lösung der aufgedeckten Probleme.
Selbst ein so tiefschürfendes Verfahren zur Erhebung der Qualität von Kontaktpunkt-Erlebnissen, wie es die Critical Incident Technique bietet, sagt lediglich etwas über den Grund und Grad der Zufriedenheit aus. Doch durch das Wissen allein, wie und warum Kunden vielleicht sehr unzufrieden sind, werden Dienstleistungen noch nicht verbessert.

3. Folgen für die Qualitätssicherung

Keinesfalls darf man sich mit Qualitätsanalysen allein begnügen. Sie zeigen lediglich Probleme auf, lösen sie aber nicht. Die Marktforschung hat zahlreiche Instrumente hervorgebracht, um Bedürfnisse und Verhaltensweisen der Kunden zu erheben sowie Qualität und Kundenzufriedenheit zu erfragen. In vielen Ländern, wie den USA, Japan und Deutschland gibt es so umfangreiche Einrichtungen wie die des "Kundenbarometers". Hiermit wird erfaßt, wie Kunden die Unternehmen und deren Leistungen als Ganzes erleben. Ebenso ergreifen Anbieter selbst die Initiative, die Kundenzufriedenheit zu erheben und gegebenfalls zu verbessern. Automobilproduzenten bitten ihre Kunden zu Round-Table-Gesprächen, um Lob, Tadel und Wünsche der Kunden gesprächsweise zu ermitteln. Computerhersteller rufen ihre Kunden am Tag nach einem Kundendienstkontakt an, um zu erfragen, wie er verlaufen sei.

Sicherlich bringen für sich allein genommen die Ergebnisse hieraus den Anbietern bereits wertvolle Erkenntnisse und führen zu Schlußfolgerungen, die eine oder andere Maßnahme, mehr oder weniger umfassend, zu

ergreifen. Doch diesen Aktivitäten fehlt der Automatismus, der die Erhebungen mit darauf gründenden Maßnahmen direkt und punktgenau verknüpft. Wer kennt nicht den Aktionismus, der zuweilen aufgrund von Marktstudienergebnissen einsetzt? Es werden Projektgruppen gebildet, Berater konsultiert, und dicke (und teure) Maßnahmenkataloge gefertigt. Vieles erweist sich dann doch nicht als optimal umsetzbar und wird mit der Absichtserklärung zur späteren Realisierung aufgeschoben.
Jedoch sollte es keinesfalls bei guten Vorsätzen bleiben, etwas zum Besseren verändern zu wollen. Denn damit bleibt man auf nur halbem Wege stehen.

Aber welche Wege sind aufgrund von Marktstudien und Kundengesprächen weiterhin zu beschreiten, welche Taten müssen im einzelnen folgen? Aktionen, wie sogenannte Nullfehlerprogramme ("Ab heute machen wir keine Fehler mehr"), Kontinuierliche Verbesserungsprozesse ("Wir wollen immer besser werden") oder hoch aufgehängte Ansätze, die die Qualität mittels der Firmenkultur auf allen Hierachiestufen sichern wollen, bringen Verbesserungen selten auf den Punkt. Ihnen fehlen zumeist greifbare Handlungsanweisungen für die Entscheidungsträger auf den einzelnen Leitungsebenen und sie sagen den Mitarbeitern nicht, wie man im Alltag eines Unternehmens, sozusagen step by step, Kundenzufriedenheit schafft. Es mangelt an Operationalität.

Zwar keine detaillierten Handlungsanweisungen, aber Anstöße, die zu einem besseren Umgang mit den Kunden motivieren sollen, geben mittlerweile Autohersteller dem Personal ihrer Autohäuser mit einem eigens produzierten Theaterstück. Darin geht es um Szenen aus dem Arbeitsalltag, die unter anderem auch zeigen, wie sich menschliches Fehlverhalten am Arbeitsplatz äußert. Inwieweit daraufhin Betroffenheit beim Publikum eintritt und sich eine Verhaltensänderung ergibt, sei der Wirkungforschung anheimgestellt.[54)]

Soll Qualität in ihren einzelnen Teilen punktgenau gesichert werden, ist ein integriertes Vorgehen notwendig, das vom Kundenwunsch im Hinblick auf eine Teilqualität bis hin zu seiner konkreten Erfüllung reicht, um darüber hinaus erkannte Probleme mit konkreten Lösungen zu beseitigen. Anhand der verschiedenen ereignisorientierten Verfahren erfährt der Anbieter mehr oder weniger umfassend, wie es um seine externe Qualität steht. Er erfährt nicht allein die Stärken und Schwächen an den einzelnen Kundenkontaktpunkten, sondern, wie im Falle der Critical Incident Technique, die dahinterliegenden Ursachen. Häufig sind es die für einen Anbieter am wenigsten evidenten Mängel, auf die er erst nach mehrmaligen Fragen stößt. Somit muß ermittelt werden:

o Was wünschen die Kunden?
(= Standardproblematik: Womit sind sie zufrieden oder unzufrieden?)
Zweifellos muß das Wissen, was den Kunden gefällt und was sie nicht schätzen, am Anfang aller Bemühungen stehen. Dies kann aber nur der Anfang sein. Darüber hinaus sind folgende zwei Fragen zu beantworten sowie die Antworten daraus in Maßnahmen zu transformieren und in die Praxis umzusetzen:

o Was muß künftig zur Erreichung dieser Kundenforderungen getan werden?
(= Globalbetrachtung: Welche Funktionen sind zu erfüllen)?

o Wie muß dies im einzelnen getan werden
(= Detailbetrachtung: Wie sind die Funktionen zu erfüllen)?

Sollen die Maßnahmen gelingen, die aufgrund der Kundenaussagen zu setzen sind, ist die Einsicht der betroffenen Mitarbeiter in deren Notwendigkeit erforderlich. Sie müssen nicht nur die Mängel kennen, sondern das Erfordernis von Veränderungen auch akzeptieren. Dazu brauchen sie Antwort auf die Frage:

o Warum ist Kundenzufriedenheit nichts Statisches?
(= Fortschreibung: Warum sind die Funktionen permanent zu erfüllen)?

Jede dieser Fragen darf nicht für sich allein stehen, sondern ist im Verbund zu sehen. Deshalb erfolgt die Beantwortung nicht isoliert, sondern in einem integrierten Vorgehen, das von der Erhebung der externen Qualität bis hin zu verbessernden Maßnahmen für im Detail steckende Schwachstellen reicht. Probleme zu kennen ist gut, sie zu beseitigen besser.
Deshalb ist ein geeignetes Verfahren notwendig, das Probleme nicht nur erkennt, sondern darüber hinaus auch löst.

Kapitel 4: Wie man Kundenzufriedenheit produziert - Der Problemkonkretisierte Verbesserungsprozeß ("PVP")

Der "Problemkonkretisierte Verbesserungs-Prozeß" (PVP) ist eine Methode[55], die dem Anspruch dieses Terminus gerecht wird. Sie schließt an die Problemerkennung erfolgreiche Lösungen an und ist in der Lage, die vier Fragen zur Produktion von externer Qualität zu beantworten. Der "PVP" richtet sein Augenmerk sowohl auf die Kunden- als auch auf die Anbieterseite. Er beschreitet den gesamten Weg, angefangen von den Kundenbefragungen hinsichtlich der Qualitätsanforderungen und Zufriedenheit bis hin zu direkt korrespondierenden Verbesserungen seitens der Anbieter. Er erhebt Probleme und bringt sie auf den Punkt, indem er ins Detail von Interviews dringt und die Antworten mit den elementaren Teilen der Geschäftsprozesse verbindet.

Am Anfang seines Vorgehens steht die doppelte Frage "was"; nämlich was wünschen die Kunden und was muß zur Erfüllung dieser Wünsche getan werden. Aufgrund der Aussagen der befragten Kunden entstehen "Wunschzettel" und in ihrer Folge Pflichtenhefte auf seiten des Anbieters. Auf die Fragen "wie" und "warum" etwas getan werden muß, folgen als Antworten gleichsam "Drehbücher mit Regieanweisungen" für die Mitarbeiter mit einem Hinweis auf den Nutzen der jeweiligen Maßnahme. Abbildung 17 stellt die vier Fragen den vier Stufen des Vorgehens gegenüber.

Diese gesamtheitliche Sicht verhindert, daß man mit Kundenbefragungen auf halbem Wege stehenbleibt oder mit allein vom Anbieter veranlaßten Verbesserungsmaßnahmen an den Kundenwünschen vorbeizielt.

Fragen zur Produktion von Qualität	Stufen des PVP geben die Antworten
1. Was wünschen die Kunden ? (= Womit sind Sie zufrieden oder unzufrieden ?) ⟹ **Standardproblematik**	Stufe **1,** **Analyse:** Die Kunden haben das Sagen
2. Was muß zur Erfüllung dieser Kunden-forderungen getan werden ? (= Welche Funktionen sind zu gestalten ?) ⟹ **Globalbetrachtung**	Stufe **2,** **Synthese:** Ein Pflichtenheft aus Kundensicht verfassen
3. Wie muß dies im einzelnen getan werden ? (= Wie sind die Funktionen zu erfüllen ?) ⟹ **Detailbetrachtung**	Stufe **3,** **Revision:** Auf die Einhaltung des Pflichtenheftes achten
4. Warum ist Kundenzufriedenheit nichts statisches ? (= Warum sind die Funktionen permanent zu überwachen und ggf. anzupassen ?) ⟹ **Fortschreibung**	Stufe **4,** **Kultivierung:** Die Kundenzufriedenheit permanent pflegen

Abb. 17: Frage- und Antwortschema zur Produktion von Qualität

1. Stufe 1
Analyse: Die Kunden haben das Sagen

Stufe 1 zur Sicherung der externen Qualität besteht in der Erhebung der Zufriedenheit der Kunden, ihren Wünschen oder Ärgernissen. Dies kann eben nicht der Anbieter vorgeben, sondern die Kunden selbst müssen hier das Sagen haben. Dabei interessieren außer den Stärken und Schwächen mit der Antwort auf die Frage: "Wo sind wir gut oder schlecht?", darüber hinaus die Ursachen dafür, um Antwort auf die Frage zu erhalten: "Warum sind wir dort gut oder schlecht?"
Um Qualität optimal gestalten zu können, darf sich ein Anbieter nicht auf die Fragestellung beschränken, "wie ist etwas?" , sondern er muß auch fragen, "wie sollte etwas sein?".

Deshalb sollen die Kunden in Interviews über ihre Kontakterlebnisse frei berichten und ihre Wunschvorstellungen offen äußern können. Je nach Kundenkreis und Untersuchungsbereich kann es hilfreich sein, Kundengruppen zu segmentieren. Im Automobilbereich[56)] sind beispielsweise konsumtive und investive Nutzer zu unterscheiden, die verschiedene Erwartungen an die Dienstleistungen eines Autohauses stellen. Bei konsumtiven Nutzern sind normalerweise Entscheider und Nutzer in einer Person vereinigt, wozu auch der Ein-Mann-Unternehmer zählt, der seinen Pkw zwar als Investitionsgut steuertechnisch betrachtet, das Fahrzeug aber selbst nutzt und wie seinen Privatwagen behandelt. Beim investiven Nutzer gibt es diese Personalunion nicht.
Ebenso lassen sich die Fluggäste der Airlines beispielsweise in anspruchsvolle Passagiere, geschäftsreisende Vielflieger und Touristen unterscheiden. Zur Segmentierung der Kunden kennt die Marktforschung eigene Typologien[57)], auf die fallweise zurückgegriffen werden kann.

Bevor eine Stichprobengröße festgelegt wird, ist die relevante Grundgesamtheit zu prüfen, ob sie neben den gegenwärtigen auch ehemalige und potentielle Kunden umfassen sollte. Potentielle Kunden können offenlegen, was ein Unternehmen tun muß, damit sie zu ihm kommen. Somit erhält man Antwort auf die Frage: "Wie sollte etwas sein ?"

1.1. Erfragung kritischer Ereignisse

Unabhängig von der Segmentierung in Kundengruppen müssen die Befragten auf direkte, offene Fragen antworten. Unter anderem hängt es von der Fragestellung ab, inwieweit sich die Kunden selbst erinnern und ihre Antworten als unbeeinflußt gelten können. Durchaus können Anhaltspunkte gegeben werden, sich an bestimmte Ereignisse zu erinnern, auf die die Kunden von selbst vielleicht gar nicht gekommen wären. Hierbei findet dann eine bestimmte Steuerung statt, kritische Ereignisse hinsichtlich ihrer zeitlichen Einordnung, der Umstände ihres Zustandekommens oder ihres genauen Ablaufs zu erheben.
Die Formulierung des Fragenablaufs kann folgendermaßen lauten:

a) "Wenn Sie an Ihre Erfahrungen mit der Firma "XY" denken, können Sie sich dann an einen Kontakt erinnern, bei dem Sie als Kunde ein besonders positives oder negatives Erlebnis hatten?
b) Wann hat sich dieser Vorfall ereignet?
c) Welche besonderen Umstände haben zu dieser Situation geführt?
d) Waren daran ein oder mehrere Mitarbeiter der Firma "XY" beteiligt?
e) Was genau tat(en) und sagte(n) der(die) Mitarbeiter zu Ihnen?

f) Aus welchem Grunde empfanden Sie diesen Vorgang als befriedigend oder unbefriedigend?"[58)]

Aufgrund dieser Fragestellungen erhält man eine detaillierte Schilderung des Ablaufs, der Hintergründe dazu und des Verhaltens des Kundendienstpersonals, ja, sogar einzelner Mitarbeiter, wenn die Frage e) noch ergänzt wird:
"Können Sie sich an den Namen des Mitarbeiters erinnern?"

Allerdings ist diese strukturierte Befragung ein zweischneidiges Schwert. Einerseits kann hierbei nicht mehr davon ausgegangen werden, die Kunden hätten sich an alles, was ihnen wesentlich erscheint, selbst frei erinnert. Wird andrerseits auf eine Unterstützung mittels dieser Anhaltspunkte in der Befragung verzichtet, besteht zwar keine Gefahr einer Verfälschung des Erinnerungsprozesses, dafür können aber gravierende Details untergehen, weil sich die Kunden im Augenblick der Befragung nicht erinnern. Dann könnte die Fragestellung lauten:

a) "Wenn Sie an Ihre Erfahrungen mit der Firma "XY" denken, können Sie sich dann an einen Kontakt erinnern, bei dem Sie als Kunde ein besonders positives oder negatives Erlebnis hatten?
b) Bitte beschreiben Sie diesen Vorfall so genau, damit ich mir ein klares Bild machen kann".

Selbstverständlich kann der Interviewer auch hier zu seiner Bitte unter b) insistieren und vertiefende Fragen stellen.
Für die "Wahrheitsfindung", will heißen, was Kunden in den Augenblicken des Kontaktes mit einem Anbieter besonders Positives und Negatives erlebt haben, empfiehlt es sich, daß der Frager nicht den Anschein er-

weckt, er wolle etwas Bestimmtes hören. Die Befragungssituation soll so sein, als wenn die Kunden ihren Bekannten von sich aus freimütig ihre Erlebnisse schildern. Dabei erzählen sie das, was sie von sich aus mitzuteilen für wichtig halten, ohne auf eine bestimmte "Spur" gelenkt zu werden.

Nimmt man offene Fragen, sind sie kurz und klar zu fassen, damit sie nicht falsch verstanden werden. Aber auf noch so kurze und prägnante Formulierungen in einem Interview müssen keine ebensolchen Antworten erfolgen. So wie sich die Menschen voneinander unterscheiden, so unterscheidet sich auch ihre Art und Weise, auf kurze, klare Fragen mehr oder weniger kurz und klar zu antworten. Mitunter haben Probanden einen immensen Mitteilungsdrang, der ursprünglich gestellte Fragen ignoriert und zu Monologen epischer Breite ausartet. In diesem Fall ist das interventionstechnische Geschick des Interviewers gefordert.

Ohne auf Feinheiten der Interviewführung einzugehen, welche Anforderungen an den Interviewer sowie an die Interviewsituation und -dauer etc. zu stellen sind oder inwieweit man die Befragten für ihre Interviewbereitschaft belohnen sollte, sei angemerkt, daß es sich empfiehlt, die Kunden außerhalb der Geschäftsräume des Anbieters von neutralen Interviewern befragen zu lassen. Hierdurch wird eine mögliche Beeinflussung durch das Personal des Anbieters sowie eine mögliche umfeldbedingte Befangenheit der Kunden weitgehend ausgeschlossen.

Wie geht man nun bei der Kundenbefragung generell vor, wie dokumentiert man die Antworten und wertet sie aus?
Daß ein Interviewer die Probanden auch auf die Zielsetzung der ereignisorientierten Befragung hinweist sowie ihnen absolute Vertraulichkeit

ihrer Antworten und Anonymität zusichert, ist selbstverständlich. Allerdings kann die ereignisorientierte Befragung eine Eigenheit haben, die von der gängigen Empfehlung zur Interviewtechnik und -aufzeichnung abweicht - das Tonbandgerät zur Aufnahme der Antworten. Tonbandaufnahmen empfehlen sich gegenüber der sonst üblichen schriftlichen Aufzeichnung, da alles, was die Kunden in normalem Sprechtempo äußern, zunächst dokumentiert wird und sie nicht in ihrem Redefluß unterbrochen werden. Zudem besteht der Vorteil gegenüber der Niederschrift, daß der Interviewer den Kunden seine ungeteilte Aufmerksamkeit schenken kann. Von der Möglichkeit sollte man absehen, einen zweiten Interviewer mitschreiben zu lassen. Dies kann von den Probanden als "Übermacht" der Frager empfunden werden und eher einschüchternd wirken, als daß es Auskunftsbereitschaft und Offenheit fördert.
Für den Fall, daß Befragte keine Tonbandaufnahmen ihrer Aussagen wünschen, werden diese selbstverständlich aufgeschrieben, aber eben nur von einem Interviewer.

1.2. Befragungstaktische Hilfe

Unabhängig von der Aufzeichnung werden Teile des befragungstaktischen Instrumentariums[59)] eingesetzt, das mit sogenannten "Eisbrecherfragen" beginnt. Damit sollen den Kunden etwaige Hemmungen genommen und Aufgeschlossenheit für weitere Fragen geschaffen werden. Eine Frage zur Einleitung des Interviews kann lauten:
"Wir sind dabei, die Zufriedenheit mit der Firma "XY" zu erfragen. Dazu hätten wir gern Ihre ganz persönliche Meinung gehört. Könnten Sie

uns dabei bitte helfen?"

Dann folgen die eigentlichen Sachfragen, die den Kern der Untersuchung bilden:
"Wenn Sie an Ihre Erfahrungen mit der Firma "XY" denken, können Sie sich dann an einen Kontakt erinnern, bei dem Sie als Kunde ein besonders positives oder negatives Erlebnis hatten?"
Hiernach empfiehlt sich eine Pause, um dem Befragten das Nachdenken zu ermöglichen. Wenn er den Eindruck macht, daß er sich an ein Ereignis erinnert, kann sich die Bitte nach der oben vorgeschlagenen zweiten Variante anschließen:
"Bitte beschreiben Sie diesen Vorfall so genau wie möglich, damit ich mir ein klares Bild machen kann."

Je nach Bildungsgrad, Temperament etc. können die Antworten höchst unterschiedlich ausfallen. Schimpfkanonaden, Lobeshymnen, Antworten, die in epischer Breite an der Frage völlig vorbeigehen, einsilbige oder launige Bemerkungen, wie: "Das einzige, was hier klappt, sind die Türen!" machen es erforderlich, durch Hilfsfragen für alle Interviews die gleiche Ausgangssituation zu schaffen, um somit die Vergleichbarkeit der geschilderten Erlebnisse zu gewährleisten. Je nachdem, wie nun die Befragten reagieren, sind verschiedene Hilfsfragen zur Unterstützung der offenen Sachfragen geboten.[60)]

o Der Kunde erinnert sich an kein Erlebnis (mehr) mit der Firma "XY".
--> Hilfsfrage a), um die ursprüngliche Frage neu formuliert zu wiederholen:
"Ich meine, haben Sie sich schon einmal richtig über die Firma "XY" und deren Mitarbeiter gefreut oder geärgert?" oder, um den Kunden

vom vorschnellen Aufgeben abzuhalten: "Lassen Sie sich bitte ruhig Zeit zum Überlegen. Vielleicht fällt Ihnen doch noch etwas ein?"

o Der Kunde erinnert sich auch aufgrund der Unterstützung durch Hilfsfrage a) nicht.
--> Hilfsfrage b) um den Bezug zur Firma "XY" zunächst auszuschalten und nach generellen Erlebnissen zu fragen:
"Und wenn Sie an Ihre Erfahrungen generell mit Anbietern dieser Leistungen denken, hatten Sie da ein besonders positives oder negatives Erlebnis?"

o Der Kunde erinnert sich auch aufgrund der Unterstützung durch Hilfsfrage b) nicht.
--> Hilfsfrage c), um die Betroffenheit der eigenen Person zunächst auszuschalten:
"Hatte möglicherweise jemand aus Ihrer Familie oder Ihrem Bekanntenkreis ein besonders positives oder negatives Erlebnis mit Anbietern dieser Leistungen?"

o Der Kunde schildert einen generellen Eindruck der Firma "XY".
--> Hilfsfrage a), nachdem man den Kunden hat ausreden lassen, um die ursprüngliche Frage neuformuliert zu wiederholen:
"Ich meine, haben Sie sich schon einmal richtig über die Firma "XY" und deren Mitarbeiter gefreut oder geärgert?"

o Der Kunde gibt eine unpräzise Schilderung des Erlebten.
--> Hilfsfrage d), um einen höheren Präzisionsgrad zu erreichen
"Können Sie sich noch erinnern, wie das damals genau war?"

o Es ist unklar, ob die Schilderung ein positives oder negatives Ereignis betrifft.
--> Hilfsfrage e), um eine Einordnung vornehmen zu können:
"Überwiegt der positive oder negative Eindruck bei Ihnen?"

o Der Kunde schildert sehr viele Einzelaspekte eines Ereignisses, so daß unklar ist, wodurch der positive oder negative Eindruck entstanden ist.
--> Hilfsfrage f), um den wichtigsten Aspekt der Schilderung herauszufinden:
"Was war es genau, das bei Ihnen diesen positiven (negativen) Eindruck bewirkte?"

Wie gesagt, sollen die Schilderungen vom Interviewer möglichst nicht unterbrochen werden. Erst am Ende der Ausführungen über ein Ereignis kann sich ein Katalog mit standardisierten, ereignisbezogenen Fragen anschließen, mit dessen Hilfe Ereignisart und erinnerte Reaktion des Kunden auf das Ereignis erfaßt werden. Dazu genügt die schriftliche Aufzeichnung, wie sie Abbildung 18 auszugsweise darstellt.
Darin können zusätzlich Fragen zur Person des Kunden aufgeführt werden.
Nach jedem geschilderten Ereignis und dem daran anschließenden standardisierten Fragenkatalog ist erneut die Sachfrage zu stellen, ob sich der Kunde an ein weiteres, besonders positives oder negatives Ereignis mit dem Anbieter erinnert.

Im Falle der ereignisorientierten Befragung sollte auf Kontrollfragen verzichtet werden. Zum einen hemmt dies den Redefluß der antwortenden Kunden, zum anderen können sie sich - wie schon der Name der Frage signalisiert - kontrolliert fühlen und den Eindruck gewinnen, daß der

A10. Haben Sie damals bereits Ihr jetziges Auto gefahren?

□$_1$ ja
□$_0$ nein, sondern einen ___________, Bj. _____

A11. Haben Sie (Name der Filiale) das geschilderte Erlebnis in irgendeiner Form mitgeteilt?

□$_1$ ja *(Interviewer: weiter mit A12.)*
□$_0$ nein *(Interviewer: weiter mit A15.)*

A12. In welcher Form? War es mündlich, telefonisch oder schriftlich?

□$_1$ mündlich *(Interviewer: weiter mit A13.)*
□$_2$ telefonisch *(Interviewer: weiter mit A13.)*
□$_3$ schriftlich *(Interviewer: weiter mit A14.)*

A13. Mit wem von (Name der Filiale) haben Sie darüber gesprochen?
(Interviewer: Mehrfachnennungen möglich, evtl. Namen notieren)

□$_1$ Azubi
□$_2$ Geschäftsführung
□$_3$ Kundendienstberater
□$_4$ Kundendienstleiter
□$_5$ Meister
□$_6$ Verkaufsberater
□$_7$ Verwaltungspersonal
□$_8$ _______________

A14. *(Interviewer: nur bei negativen Erlebnissen)*
Wie zufrieden waren Sie mit der Reaktion auf Ihre Beschwerde? Waren Sie....

□$_5$ sehr zufrieden
□$_4$ ziemlich zufrieden
□$_3$ weder noch
□$_2$ ziemlich unzufrieden
□$_1$ sehr unzufrieden

A15. Mit wieviel Personen im Kreise Ihrer Familie, Freunde und Bekannten haben Sie alles in allem bis heute über Ihr Erlebnis gesprochen? Bitte nennen Sie die ungefähre Zahl!

mit etwa_____Personen

A16. Etwa in wieviel Prozent der Fälle fiel dabei der Name der Filiale?

in etwa_____Prozent der Fälle

Quelle: Auszug aus dem Fragebogen von Hentschel, B.: Dienstleistungsqualität aus Kundensicht, Wiesbaden 1992, S.229 ff.

Abb. 18: Ereignisbezogene Fragen im Rahmen der Kundeninterviews

Wahrheitsgehalt ihrer Aussagen angezweifelt und überwacht wird. Es besteht dann die Gefahr, daß Spontanität und Sorglosigkeit der Äußerungen leiden und die Kunden "überlegt" antworten.

1.3. Interview-Auswertung

1.3.1. Auswahl kritischer Ereignisse

Ist die Befragung mittels Tonband durchgeführt worden, schließt sich eine Übertragung der Aufnahmen mit den geschilderten Ereignissen in die Schriftform an. Generell beginnt die Auswertung mit der Auswahl der kritischen Ereignisse,[61)] die

a) den Kunden-Anbieter-Kontakt betreffen,
b) aus Kundensicht besonders positiv oder negativ sind
c) als abgeschlossene Episoden vorliegen und
d) hinreichend detailliert berichtet sind, um nachempfunden zu werden.

Nur die Ereignisse, die diese vier Kriterien erfüllen, eignen sich für die nachfolgende Analyse.[62)] Deshalb werden allgemeine Aussagen aus der weiteren Betrachtung ausgeschlossen, wie "mit der Firma XY war ich bislang eigentlich nicht so sehr zufrieden, ich weiß auch nicht, irgendwas ist immer schiefgelaufen". Gleiches gilt für diffuse Darstellungen, aus denen nicht klar hervorgeht, was der eigentliche Sinn der Aussage sein soll.

Nach dem Ausscheiden unbrauchbarer Äußerungen geht man weiter inhaltsanalytisch vor[63)], indem die verbliebenen Ereignisse auf ihren we-

sentlichen Informationsgehalt hin komprimiert werden. Aus den so gewonnenen Kernaussagen werden entsprechende Gruppen gebildet, die im Grunde ein gleichartiges Ereignis betreffen.
Die Inhaltsanalyse unterscheidet zwei verschiedene Arten des Vorgehens. Für welche man sich entscheidet, ist eine Frage des Aufwandes und der zu seiner Bewältigung zur Verfügung stehenden Kapazität.

In der Elementbetrachtung berücksichtigt die Inhaltsanalyse alle informationstragenden Textbestandteile. Ein geschildertes Ereignis wird hiernach in seine Teile zerlegt und es erfolgt sodann eine Kategorisierung dieser Teile. Letzteres gestaltet sich infolge des hohen Detaillierungsgrades problematisch und aufwendig.[64)] Folglich erscheint für die inhaltsanalytische Zuordnung zu den jeweiligen Kategorien eine Computerunterstützung angeraten.
In der Ganzheitsbetrachtung ist die Inhaltsanalyse weniger detailliert und kompliziert. Sie geht davon aus, daß die geschilderten Ereignisse sich zwar aus mehreren Informationen zusammensetzen, für den Befragten jedoch eine Aussage im Mittelpunkt steht. Für die Ganzheitsbetrachtung spricht eine zügige Auswertung, weil sie auf nur eine Information den Schwerpunkt legt und diese Aussage als Ganzes in die weitere Analyse eingehen läßt. Diese Kernaussagen jeweils zu ermitteln ist somit das Ziel der ganzheitlichen Erlebnisbetrachtung. Beispiele derartiger Aussagen sind in Abbildung 19 festgehalten.

Aus diesen dokumentierten Erlebnissen erhält der Anbieter ein Bild dessen, was seine Kunden wünschen und was sie nicht schätzen. Sie sagen ihm, was sie als Qualität erachten. So erhält er gleichsam einen Rohstoff, aufgrund dessen externe Qualität produziert werden kann.

Was ich sehr positiv in dieser Filiale empfinde ist, daß die Mitarbeiter sehr freundlich zu mir sind und mich mit meinem Namen persönlich ansprechen, weil das gibt es nur noch selten. Hier kann ich mich auch mal, wenn wenig los ist, mit den Mitarbeitern unterhalten. Das liegt vielleicht auch daran, daß ich hier Stammkunde bin.

Mit der Preistransparenz komme ich trotz meiner sonst positiven Einstellung nicht zurecht. Vor allem erscheinen mir Stundensätze von 140,- zu hoch, wenn ich dann in den Laden komme und zum wiederholten Male sehe, wie die Mitarbeiter herumsitzen und Privatgespräche führen. Da müßten die doch anderweitig eingesetzt werden. Für mich als Kunde ist das absolut unverständlich.

Als ich eine Rechnung über 5000,- zu bezahlen hatte, hat der Herr von mir verlangt, daß ich mehrere Schecks über 400,- ausstelle. Er hat kein Vertrauen zu mir gehabt, obwohl er genau wußte, daß ich gleich nebenan als Augenärztin niedergelassen war. Also das hat mich wirklich sehr enttäuscht.

Ich mußte meine letzte Rechnung aufteilen lassen, weil ich einen Teil an meine Firma weiterverrechnen mußte. Die Mitarbeiterin kam mir da sehr entgegen und teilte mir die Rechnung gleich auf, so daß ich darauf warten konnte. Das hat mich sehr gefreut, daß die da so flexibel reagiert haben.

Hier ist der Parkplatz ein Riesenproblem. Man weiß nie, wo man sein Auto parken soll. Gerade abends ist es unmöglich, hier in diesen Hof hereinzufahren. Und auf der Straße kann man auch nicht stehen bleiben, weil die so befahren ist. Da bin ich schon mehrere Male weitergefahren, weil es einfach zu voll war. Wenn man schon mal hereingefahren ist, dann kommt man sehr schwer wieder auf die Straße, weil man sofort eingeparkt ist. Das empfinde ich als sehr negativ.

Abb. 19: Beispiele berichteter Erlebnisse in Ganzheitsbetrachtung

1.3.2. Kategorisierung zur Managementinformation

Was will nun das Management mit dieser Vielzahl an Ereignissen? Sicherlich keine "Materialschlacht" schlagen und die einzelnen Interviews studieren sowie die Zusammenhänge der daraus gewonnenen Erkenntnisse erforschen.

Um eine Übersicht im Sinne einer Managementinformation zu erstellen, werden in aller Regel die vorliegenden Detailergebnisse weiter verdichtet und systematisiert.

Die einzelnen Kernaussagen werden zweckmäßig klassifiziert, indem man zunächst auf folgende vier Qualitätskategorien mit ihren Unterkategorien aus Abbildung 20 zurückgreift[65].

Sie lassen sich wie folgt beschreiben:

- o Physisches Umfeld steht für die Umgebung, in der eine Dienstleistung erstellt wird, wie insbesondere die Räume, deren Ausstattung und das Erscheinungsbild des Personals.

- o Verläßlichkeit ist die Fähigkeit, mit der ein Anbieter den Kunden versprochene Leistungen zuverlässig und korrekt erbringt.

- o Einsatzbereitschaft bezeichnet die Reaktionsfähigkeit, bestehend aus Bereitschaft, Schnelligkeit und Aufgeschlossenheit des Anbieters, ein Kundenproblem zu lösen.

- o Kompetenz steht für die Leistungsfähigkeit eines Anbieters, insbesondere sein Wissen und seinen Kontaktstil, wie Höflichkeit und Vertrauenswürdigkeit der Mitarbeiter.

Hauptkategorie	Unterkategorie
physisches Umfeld	- Grundstück, Gebäude, Räume - Präsentation physischer Service-komponenten - Erscheinungsbild des Personals - Technische Ausstattung
Verläßlichkeit	- Mängeldiagnose - Reparaturarbeiten - Beratung - Absprachen - Umgang mit Kundeneigentum - Preis - Leistungsverhältnis - Rechnungslegung - Pünktlichkeit
Einsatzbereitschaft	- Leistungstempo - Zeitliche Flexibilität - Geschäftszeiten - Sonderzeiten - Leistungen - Dienstbereitschaft der Mitarbeiter - Sonderleistungen - Kulanz
Kompetenz	- Soziale Kompetenz - Fachliche Kompetenz - Vertrauenswürdigkeit - Leistungsspektrum - Unternehmensimage

Quelle: In Anlehnung an Berry, L., Parasuraman, A.: Service Marketing - Wettbewerbsvorsprung durch erstklassige Qualität, Frankfurt/New York, 1992, S.30

Abb. 20: Kategorien zur Klassifizierung kritischer Ereignisse

Um den Informationsgehalt der Managementinformation zu erhöhen, werden zusätzlich Unterkategorien ausgewiesen. Haupt- und Unterkategorien korrespondieren mit den Haupt- sowie den Nebenfunktionen erster Ordnung eines beliebigen Kundendienstablaufes, worauf noch ausführlich eingegangen wird (hierzu Punkt 2.3.).

Diese zu übergeordneten Merkmalen verdichteten kritischen Ereignisse erfassen die Dienstleistungsqualität, wie sie die Kunden sehen und empfinden. Hier empfiehlt sich bereits eine grobe Einteilung in situativ-offene und situativ-geschlossene Komponenten von Dienstleistungsabläufen. Sie lassen erkennen, woran zum einen die Kunden direkt beteiligt sind und was zum anderen allein der Anbieter "in der Hand" hat, weil die Kunden darauf keinen unmittelbaren Einfluß nehmen können. Daraus wird auf einen Blick ersichtlich, worin die Defizite des Kundendienstes bestehen. Liegen sie primär im Umgang mit den Kunden oder aber überwiegen die Mängel in den internen Abläufen im Hintergrund?
Die tieferliegenden Ursachen, wie Detailfunktionen einer desolaten Lagerorganisation, die aufgrund fehlender Ersatzteile einen zugesagten Reparaturtermin haben platzen lassen und die Forderung der Unterkategorie "Pünktlichkeit" nicht erfüllen, gehen aus dieser Managementinformation noch nicht hervor. Hierfür muß man tiefer in die Auswertungen eingehen (siehe Punkt 2.3.).

Je nach Umfang der Befragung kann sich wiederum eine maschinelle Verarbeitung als hilfreich erweisen. Für die computergestützte Codierung der Ereignisse ermöglichen vorab definierte Elemente den maschinellen Vergleich von Zeichenfolgen und die jeweils kategoriegerechte Zuordung.[66)] Konventionell erfolgt die Kategorisierung durch den Kodierer, der die vorgegebenen Elemente mit den Texten vergleicht und daraufhin die

Einordung vornimmt. Um ihm die Zuordnung zu den berichteten kritischen Ereignissen zu erleichtern, stehen für die Unterkategorien Beispiele zur Verfügung. Abbildung 21 zeigt für die Hauptkategorie "Kompetenz" mit der Unterkategorie "Soziale Kompetenz", wie mit Beispielen eine konventionelle Kategorisierung der Ereignisse weiter konkretisiert werden[67] kann.

Kompetenz

1) soziale Kompetenz in der Ansprache und Behandlung der Kunden durch das Personal

Kunden werden freundlich, mit Wertschätzung und konsensfreudig behandelt, Kundenwünsche und -meinungen werden aufgenommen und offen besprochen, fachliche Laien werden gut beraten, Kunden wissen, woran sie sind, Kunden fühlen sich zu Hause

↔

Kunden werden unfreundlich, arrogant und konfliktträchtig behandelt, Kundenwünsche und -meinungen werden ignoriert, fachliche Laien werden abgewimmelt, Kunden werden für dumm verkauft, Kunden fühlen sich fremd

Quelle: In Anlehnung an: Hentschel, B.: Dienstleistungsqualität aus Kundensicht, Wiesbaden 1992, S. 246

Abb. 21: Hilfe zur Ereignisklassifikation

Wie gesagt, sind dies lediglich verdichtende Arbeiten mit statistischem Charakter. Hierbei werden die qualitätsbestimmenden Aussagen der Kunden in eine Systematik gebracht. Zwar erfolgt die Kategorisierung mittels der vier Hauptfunktionen und den daran knüpfenden Nebenfunktionen eines Kundendienstablaufes, doch geschieht dies nicht notwendigerweise im Hinblick auf die nachfolgenden Stufen 2 bis 4 des "PVP", sondern die Stufe 1 kann für sich allein einen Anbieter informieren, wie ihn seine Kunden bewerten.

1.3.3. Ermittlung der Häufigkeiten und konkretisierende Dokumentation

Sowohl für die Inhaltsanalyse in der Ganzheitsbetrachtung als auch in der aufwendigeren Elementbetrachtung gibt der nächste Auswertungsschritt keine Probleme auf. Denn darin werden nun die Häufigkeiten der zugeordneten Ereignisse in den einzelnen Kategorien und Unterkategorien ermittelt. Bei umfangreichen Befragungen empfiehlt sich die computergestützte Kodierung, weil eine maschinelle Auszählung erfahrungsgemäß schneller als die konventionelle ist.

DV-unterstützt kann auch die Dokumentation vorgenommen werden, die die Ereignisse nach folgenden Kriterien zunächst für das einzelne Interview konkretisiert:

1) Anzahl der Ereignisse, an die sich der befragte Kunde erinnert (ein Ereignis, mehrere Ereignisse)
2) Ereignisort (wenn der Anbieter mehrere Geschäftsorte hat)
3) Art des Ereignisses (direkt/indirekt)
4) Wirkung des Ereignisses (positiv/negativ)
5) Konkreter Ereignisinhalt
6) Verdichtete Klassifizierung der Ereignisse auf Hauptkategorieebene

7) Spezifizierung der Ereignisse innerhalb der Hauptkategorie
8) Situation der Ereignisse (offen/geschlossen)

Interessant für den Überblick, was die Kunden für die jeweilige Dienstleistung besonders als qualitätsbestimmend ansehen, ist die unter 6) aufgeführte Zuordnung der kritischen Ereignisse zu den vier Qualitätsdimensionen Umfeld, Verläßlichkeit, Einsatzbereitschaft und Kompetenz.
Abbildung 22 gibt exemplarisch ein ausgewertetes kritisches Ereignis wieder, woraus sich aus Ziffer 5) "Konkreter Ereignisinhalt" die Ursachen für Zufriedenheit oder Unzufriedenheit rasch ableiten lassen.

Im Ergebnis liefert die ereignisorientierte Befragung die Kriterien der Kundenzufriedenheit und möglicherweise auch die Mindestanforderungen an die externe Qualität, denen ein Anbieter pro Kriterium entsprechen sollte, um erfolgreich zu sein.
Äußern die Kunden vollständige Zufriedenheit mit den empfangenen Leistungen und decken sich idealerweise externe und interne Qualität, besteht keine Notwendigkeit, einen Verbesserungsprozeß einzuleiten. Sind indes Abweichungen und teilweise Unzufriedenheit festzustellen, sollte mit der Stufe 2 fortgefahren werden.

1.) **Ereigniserinnerung** Ereignis Nummer: 1

Proband erinnerte sich an	- ein Ereignis	
	- mehrere Ereignisse	x

2.) **Ereignisort**

Ereignis betraf	- XY-Filiale, München-Riem	x
	- andere XY-Filiale: -	
	- keine XY-Filiale	

3.) **Direkte/indirekte Ereignisse**

Ereignis wurde vom / von	- Probanden selbst erlebt	x
	- anderer Person erlebt und mitgeteilt	

4.) **Art des Ereignisses**

Ereignis war	- positiv	
	- negativ	x

5.) **Konkreter Ereignisinhalt**

"Ich muß nicht auf den Pfennig schauen und gehe gern in ein Fachgeschäft, weil ich Wert auf eine gute Bedienung lege. In diesem Geschäft bin ich so unverschämt behandelt worden, so etwas darf nicht sein! Auf meine höfliche Frage um Beratung bin ich richtig abgewimmelt worden und sogar von einem Verkäufer geduzt worden, wahrscheinlich weil ich Ausländerin bin."

6.) **Klassifizierung des Ereignisses**

Qualitätsdimension		
	- Umfeld	
	- Verläßlichkeit	
	- Einsatzbereitschaft	
	- Kompetenz	x

7.) **Spezifizierung der Qualitätsdimensionen**

Kompetenz	- soziale Kompetenz	x
	- fachliche Kompetenz	
	- Vertrauenswürdigkeit	
	- Leistungsspektrum	
	- Firmenimage	

8.) **Ereignissituation**

Die Ereignissituation war	- offen	x
	- geschlossen	

Abb. 22: Teilergebnis einer ereignisorientierten Befragung

2. Stufe 2
Synthese: Ein Pflichtenheft aus Kundensicht verfassen

2.1. Organisatorischer Rahmen

Wie es bei Rohstoffen häufig der Fall ist, müssen auch die Kundenaussagen von ihrer Urform aus Stufe 1 umgeformt werden, damit sie letztendlich weiteren Nutzen stiften können. Darin liegt die grundsätzliche Problematik der Auswertung der Interviews, weil aus den verschiedenartigsten Kundenaussagen qualitätsbestimmende Funktionen für den Kundendienst generiert werden müssen. Schließlich wirkt jede einzelne dieser Funktionen auf die Zufriedenheit der Kunden.

Deshalb wird der nun folgende große Schritt erforderlich. Die Wünsche und Beschwerden der Kunden werden in eine funktionale Darstellung dessen umgesetzt, was ein Anbieter zu leisten hat, damit sich externe und interne Qualität entsprechen, will heißen, damit das Gebotene den Wünschen der Kunden entspricht.
Ausgehend von dem wohl wichtigsten Ziel für den langfristigen Unternehmenserfolg, der Sicherung der Kundenzufriedenheit und -treue, werden für bestimmte Kundendienstabläufe sowohl die Ist-Funktionen ermittelt, die gegenwärtig hierzu erbracht werden, als auch jene für das Soll, die gegenwärtig zwar nicht erfüllt, von den Kunden jedoch aufgrund der ereignisorientierten Befragung erwartet werden.
Neben qualifiziertem Personal löst diese Aufgabe ein methodisches Vorgehen, das die nunmehr zu Gruppen zusammengefaßten Kernaussagen in eine prägnante, einheitliche Darstellung und Sprache übersetzt.

2.1.1. Methodische Unterstützung

Nicht nur für eine einheitliche Sprachregelung, sondern auch für die einzelnen Schritte des Vorgehens in Stufe 2 ist ein über die Zeit gleichbleibendes Vorgehen unerläßlich. Die methodische Unterstützung hierzu leistet die Wertanalyse[68]. Sie ist anwendungsneutral konzipiert.[69] Sowohl für die Verbesserung bestehender Kundendienstabläufe als auch für ihre erstmalige Definition von Leistungen ist das wertanalytische Vorgehen prädestiniert.

Den "Wert" stellt der Quotient aus der Qualität einer Leistung und deren Kosten dar. Diesen Quotienten will die Wertanalyse optimieren. Dabei stellt sie nicht einzelne Elemente, Tätigkeiten und Abläufe in den Vordergrund, sondern durchdringt sie mit Funktionen. Wertanalytisch ausgedrückt erzeugen diese Funktionen einzelne Wirkungen aus der Sicht der Kunden.
Deshalb fragt man nicht, wie in anderen Verfahren, nach der Eigenschaft: "*Wie* ist eine Leistung", sondern: "*Was* bewirkt die Leistung, was soll sie bewirken". Im Ergebnis interessieren die Wirkungen von Leistungen auf die Kunden und was dem Anbieter ihre Erstellung kostet.
Im strengen Sinne der Wertanalyse ist sicherzustellen, daß der Wert die niedrigsten Kosten beinhaltet, die zur Erfüllung der festgelegten Funktionen einer Leistung erforderlich sind.[70] Für den Fall des personenbezogenen Kundendienstes, besonders seiner situativ-offenen Bestandteile, verliert dieser Wertbegriff an Kontur, da er vielfach im Hinblick auf die subjektiv unterschiedlich empfundene Qualität und Nutzenstiftung nicht quantifizierbar ist. Deshalb dient das "Wert-Urteil" der Kunden als Orientierung mit der Frage, welche Funktionen zu erfüllen sind, damit die Kunden zufrieden sind, und wie diese Funktionen zu optimalen Kosten

realisiert werden können. Für die situativ-offenen Komponenten pro Funktion gibt es keine festen Werte, sondern eine Bandbreite dessen, in der die zur jeweiligen Funktionserfüllung erforderlichen Maßnahmen mit den korrespondierenden Kosten variieren. Die Kosten verändern sich also mit der externen Qualität, die die jeweilige Anbieter-Kunden-Situation bedingt. In praxi erscheint das Kostenoptimum für diesen Leistungsbereich somit schwer festlegbar.
Wird aufgrund der Interviewauswertung die Funktion "Reparaturrechnung erläutern" definiert, weil der überwiegende Teil des repräsentativ befragten Kundensampels "Wert" darauf legt, kann die Bandbreite des Aufwandes bei einer pingelig genauen Erläuterung beginnen und dort enden, wo Kunden diese Funktion nicht beanspruchen, weil sie vielleicht in Eile sind, die Rechnung ohne weiteres verstehen und akzeptieren oder prinzipiell auf jedwede Erklärung verzichten.

Ohne hier die Unterteilung des Funktionsbegriffes in Gebrauchs- und Geltungsfunktion weiter zu erläutern[71)], müssen für den "PVP" Haupt-, Neben- und überflüssige Funktionen unterschieden werden, um sie erkennen, klassifizieren und, falls möglich, quantifizieren zu können.
Hauptfunktionen drücken die ursprünglichen Aufgaben einer Leistung aus. Wohl greift die Methode des "PVP" auf die Terminologie der klassischen Wertanalyse zurück, geht jedoch nicht von den Hauptfunktionen aus und ermittelt abwärtsschreitend die Nebenfunktionen, indem sie fragt, "wie" eine Funktion jeweils zu erfüllen ist. Dies wäre nämlich das Vorgehen aus Anbietersicht, das lediglich zur Ist-Analyse (siehe Punkt 2.2.) herangezogen wird. Der "PVP" folgt dem umgekehrten Weg und beginnt bei den nicht mehr weiter zu konkretisierenden Nebenfunktionen. Aus ihnen setzt sich letztlich die Leistung aus Kundensicht zusammen. Nach dem Konkretisierungsgrad erfolgt eine Gliederung der Hauptfunktion in

Nebenfunktionen erster, zweiter und dritter Ordnung, wie in Abbildung 23 dargestellt. Die Funktionen der dritten Ordnung haben den höchsten Konkretisierungssgrad, weil sie die nicht weiter sinnvoll unterteilbaren Elemente einer Leistung sind. Diese Funktionen oder besser, diese Teile der externen Qualität, erhält man im "PVP" nicht durch die abwärtsschreitende Analyse von der Hauptfunktion aus, sondern bildet sie direkt aufgrund der berichteten Ereignisse aus den Kundenbefragungen (siehe Punkt 2.3.). Die Frage "warum" eine Funktion 3. Ordnung jeweils zu erfüllen ist, beantwortet eine Funktion mit geringerem Konkretisierungsgrad, also 2. oder 1. Ordnung.

2.1.2. Personelle Voraussetzungen

Zu Beginn der Stufe 2 des "PVP" sind als Basis des weiteren Vorgehens zunächst die personellen Voraussetzungen zu schaffen. Erscheint es einerseits für die Auskunftsbereitschaft hilfreich, die ereignisorientierte Kundenbefragung der Stufe 1 mit neutralen Interviewern durchzuführen, ist es andrerseits für die Erarbeitung der Funktionen nunmehr sinnvoll, hauptsächlich die vom jeweiligen Kundendienstablauf betroffenen Mitarbeiter einzubeziehen. Dadurch wird nicht nur deren spezifisches Know How genutzt, sondern darüber hinaus weitgehend ihre Akzeptanz für Verbesserungsmaßnahmen sichergestellt. Denn die Mitarbeiter müssen letztendlich im Tagesgeschäft die Verbesserungen umsetzen.

Das Vorgehen steht daher unter dem Motto der "Hilfe zur Selbsthilfe", um aus Betroffenen selbstbewußte Beteiligte werden zu lassen. Das A und

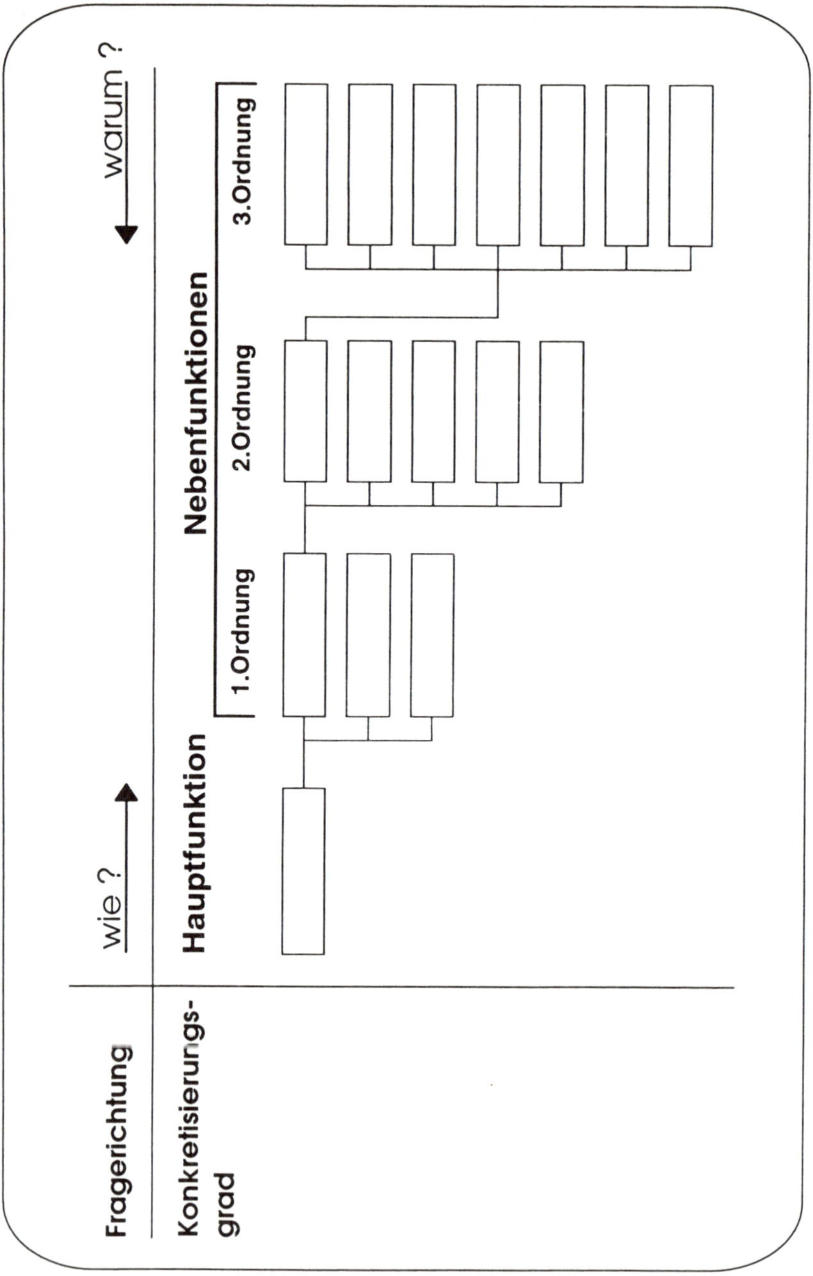

Abb. 23: Schema der Funktionengliederung

O muß deshalb die Partizipation jener Mitarbeiter sein, die tagtäglich "in das Weiße des Auges" ihrer Kunden schauen oder "hinter den Kulissen" die Organisation in Gang halten. Ihre Mitwirkung ist gefragt.
Wie geht man deshalb partizipativ vor und involviert die Mitarbeiter?

Hilfe zur Selbsthilfe bedeutet eine externe methodische Anleitung zur internen fachlichen Problemlösung durch die jeweils von Verbesserungsmaßnahmen betroffenen Mitarbeiter. Hierzu greift man auf die bewährten Workshops zurück. Es empfiehlt sich die Arbeit in hierarchiefreien Teams. Ein Teammitglied vertritt die Gruppe als Sprecher nach außen und gestaltet federführend die spätere Umsetzung der Lösungen.
Zu einem Team sollte ein Koordinator hinzukommen. Er bringt die Methode und verschiedene Techniken ein, wie Kreativitätstechnik, Konferenztechnik, Organisationstechnik und Technik des Projektmanagements. In der Praxis bedient man sich als Koordinatoren, neben eigenen Moderationsspezialisten in großen Unternehmen, gern jener Unternehmensberater, die als "Einzelkämpfer" bei den betroffenen Mitarbeitern Vertrauen für das Vorgehen schaffen, zwischen verschiedenen Abteilungen mit oft konkurrierenden Meinungen integrierend wirken und es nicht bei Konzepten belassen, sondern Lösungen auch tatsächlich umzusetzen helfen. Während das Team der Fachleute die Probleme löst, moderiert der Koordinator den Ablauf, ist interner Sprecher sowie Kontaktperson zum Initiator, der normalerweise aus Mitgliedern der Geschäftsleitung besteht. Der Initiator gibt die Ziele vor, umreißt den Projektrahmen und delegiert die Fachspezialisten in das Team. Er veranlaßt auch die Information des Betriebrates und derjenigen Führungskräfte, deren Bereiche betroffen sind, über Ziel und Methodik des problemkonkretisierten Vorgehens.
Das Team vertritt die fachlichen Ergebnisse seiner Arbeit. Besonders wichtig ist, daß die Ergebnisse des Soll-Konzeptes eingehend im Hinblick

auf die Konsequenzen geplanter Maßnahmen zu prüfen sind. Denn es sind häufig nicht antizipierte Folgen, die eine Umsetzung verhindern oder eine Reihe an negativen Begleiterscheinungen und kostenintensiven Auswirkungen nach sich ziehen. Deshalb sind analysierte Probleme und deren Lösungen stets im Gesamtzusammenhang ihrer Folgen zu sehen. Die funktionale Betrachtungsweise eignet sich dafür hervorragend.
Der Koordinator verantwortet die Effizienz der Teamarbeit und die Erreichung der vorgebenen Ziele. Abbildung 24 faßt den Ablauf der "PVP"-Organisation zusammen.

Auch wenn die Ziele des Initiatotrs nur zum Teil quantifizierbar sind, verbieten sich schwammige Formulierungen wie "deutliche Verbesserung der Kundendienstannahme" oder "pünktlichere Erledigung der Reparaturaufträge". Hat die Kundenbefragung schlechte Ergebnisse zur Qualität in diesen Bereichen ergeben, weil die Kunden durchschnittlich 5,5 Minuten am Annahmeschalter auf das Servicepersonal warten müssen oder die Termintreue der Reparaturaufträge infolge fehlender Ersatzteile negativ empfunden wird, liegen hier zum einen harte Daten vor, die man ebenso meßbar verbessern kann. Außerdem lernt man konkret die Schwachstellen kennen, die punktgenau zu eliminieren sind.

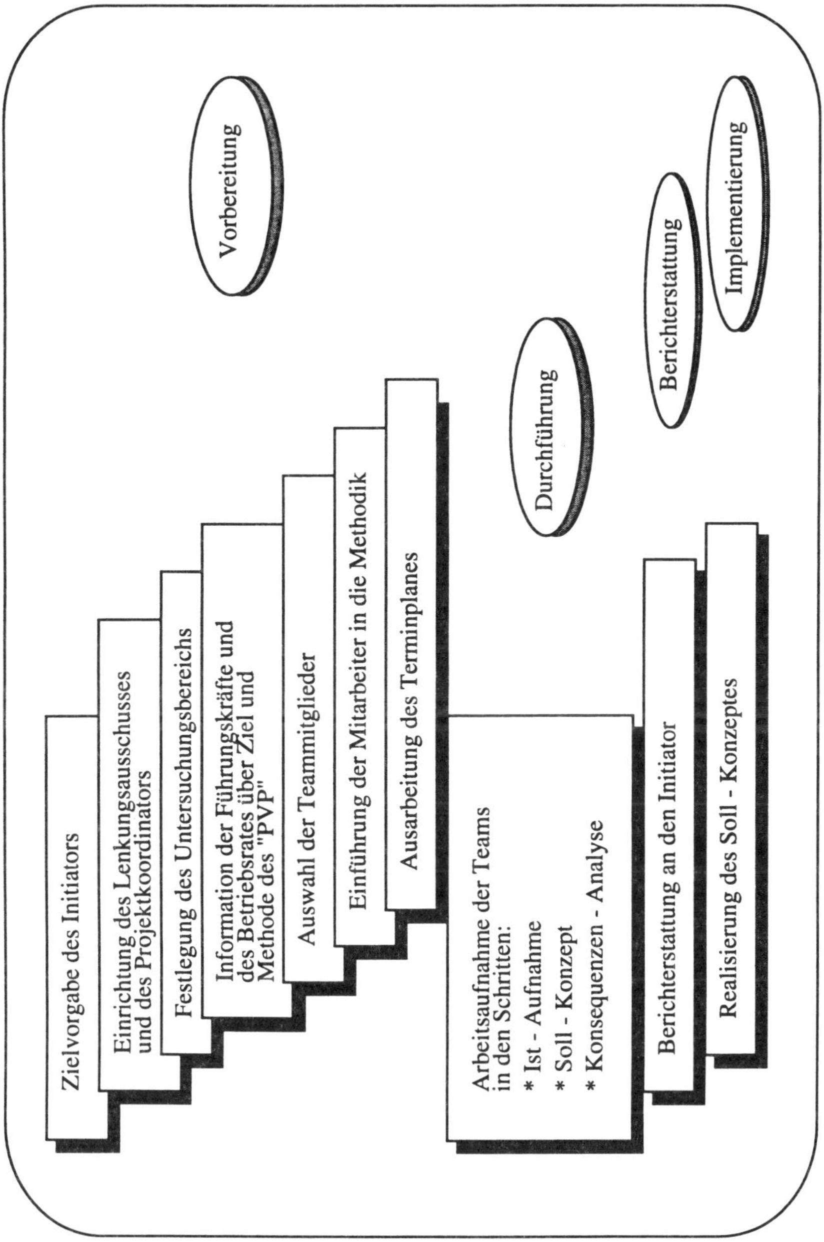

Abb. 24: Ablauf der " PVP "- Organisation im Überblick

2.2 Ist-Zustand der eigenen Leistungen feststellen

Verbesserungen setzen am Bestehenden an. Um verbessern zu können, ist die Kenntnis des Ist-Zustandes erforderlich. Dazu wird eine Bestandsaufnahme des Kundendienstes durchgeführt und dokumentiert. Nur hier verwendet der "PVP" die Wertanalyse in ihrer klassischen abwärtsschreitenden Form. Der Anbieter ermittelt seine eigenen Leistungen und geht dabei von den als von ihm wichtig angesehenen Hauptfunktionen aus. Hiernach erfolgt gleichsam eine Inventur seines aktuellen Leistungsspektrums. Daraus entsteht eine Dokumentation der erbrachten Ist-Funktionen.

Zwar ist es kein Dogma, daß dabei von den oben definierten vier Hauptkategorien zur Klassifizierung kritischer Ereignisse ausgegangen werden muß, jedoch empfehlen sie sich als Orientierung, wenn gefragt wird, was ein Anbieter mit seinem Kundendienst bewirken will. Selbstverständlich kann alternativ vom Unternehmensleitbild und den darin festgelegten Unternehmensgrundsätzen ausgegangen werden. Aus diesen, häufig sehr global formulierten Grundsätzen müssen sodann die wesentlichen Funktionen des Kundendienstes abgeleitet werden.

Da das Unternehmensleitbild mit seinen Grundsätzen von der obersten Leitungsebene eines Unternehmens festgelegt wird, ist das Top-Management folglich an der Ableitung der darin enthaltenen Funktionen zu beteiligen. Das kann mitunter in einem iterativen Prozeß geschehen, da die Funktionen aus den allgemein formulierten Grundsätzen[72)] nicht ohne weiteres hervorgehen. Wenn es beispielsweise heißt, "Verliere das Ziel, den Kunden größten Nutzen zu bieten, niemals aus den Augen. Halte dir die Bedürfnisse der Kunden bei jeder Entscheidung, die du triffst, vor Augen", ist herauszuarbeiten, worin dieser "größte Nutzen" besteht. Allein aus diesem Grundsatz die Funktion "größten Kundennutzen bieten" zu definieren, erscheint für das weitere Vorgehen nicht operational.

Sicherlich, diese Vorgehensweise kann zu einem positiven Effekt dergestalt führen, indem das Unternehmensleitbild reflektiert wird. Jedoch sollte die Aufgabe, Hauptfunktionen seiner Absatzleistungen zu generieren, nicht mit einer unternehmenspolitischen Umgestaltung des Unternehmens einhergehen, weil hierbei die Gefahr besteht, daß die Grundsätze um der reinen Funktionenfindung willen verändert werden und nicht, weil sich an der grundsätzlichen Ausrichtung des Unternehmens etwas geändert hat. Daß zudem die Definition der Unternehmensgrundsätze weniger der Unternehmensleitung (Vorstand, Geschäftsführung) als mehr den Eigentümern (Aufsichtsrat, Gesellschafter) obliegt, sei angemerkt.
Mögen in größeren Unternehmen Leitbild und Grundsätze im Regelfalle vorhanden und dokumentiert sein, so existieren in mittleren und kleinen Firmen lediglich so etwas wie ein gemeinsamer Geist oder eine philosophische Ausrichtung. Indes besteht davon keine Konkretisierung mit ihrer Dokumentation.

Aus diesen Gründen ist es sinnvoll, letztlich zum Zwecke der Herstellung von Kundenzufriedenheit auf die vier Hauptkategorien zur Klassifizierung kritischer Ereignisse zurückzugreifen. Die Kategorien

o Physisches Umfeld
o Verläßlichkeit
o Einsatzbereitschaft
o Kompetenz

ergeben unmittelbar die Hauptfunktionen für personenbezogene Dienstleistungen jedweder Art. Sie bilden den Ausgangspunkt der weiteren Analyse. Zu jeder Hauptfunktion wird nun gefragt, "wie" sie zu erfüllen ist, damit die Kunden zufrieden sind.

Hieraus werden die Nebenfunktionen 1. Ordnung entwickelt, die ihrerseits wieder die Basis für die Frage "wie" zur Bildung der Funktionen 2. Ordnung darstellen. Die Fragerichtung von der Hauptfunktion bis zu den Funktionen 3. Ordnung ist dabei stets von links nach rechts. Je weiter demnach eine Funktion rechts von der Hauptfunktion steht, desto konkreter ist sie für die Dienstleistungsqualität im Sinne der Kundenzufriedenheit.

Das Ergebnis der Ermittlung dessen, was ein Anbieter meint, tun zu müssen, damit seine Kunden mit ihm zufrieden sind, läßt sich übersichtlich in Funktionenbäumen analog Abbildung 25 graphisch darstellen. Anhand eines praktischen Beispiels wird hier diese Fragestellung für die Hauptfunktion "Kompetenz zeigen" angewandt. Die Terminologie des wertanalytischen Vorgehens beschreibt dabei eine Funktion jeweils mittels eines Substantivs und eines Verbs im Infinitiv.[73)]

Wie also zeigt ein Anbieter Kompetenz gegenüber seinen Kunden? Er tut dies, indem er sich unter anderem als sozial kompetent ausweist (Nebenfunktion 1. Ordnung) und des weiteren unter anderem die Umgangsformen wahrt (Nebenfunktion 2. Ordnung). Um zu den elementaren Nebenfunktionen 3. Ordnung zu gelangen, muß wieder gefragt werden, "wie" man die Umgangsformen wahrt, was man also dafür tun muß. Nach Meinung eines autonom analysierenden Anbieters könnte dies, wieder unter anderem, in der Funktion "Höflichkeit zeigen" bestehen.
Analog werden die anderen Hauptfunktionen hinterfragt und in ihre elementaren Bestandteile aufgelöst.

Durch die prägnante Sprache und Visualisierung werden dem Personal die Abläufe ihrer Arbeit transparent gemacht. Letztlich müssen jeweils die

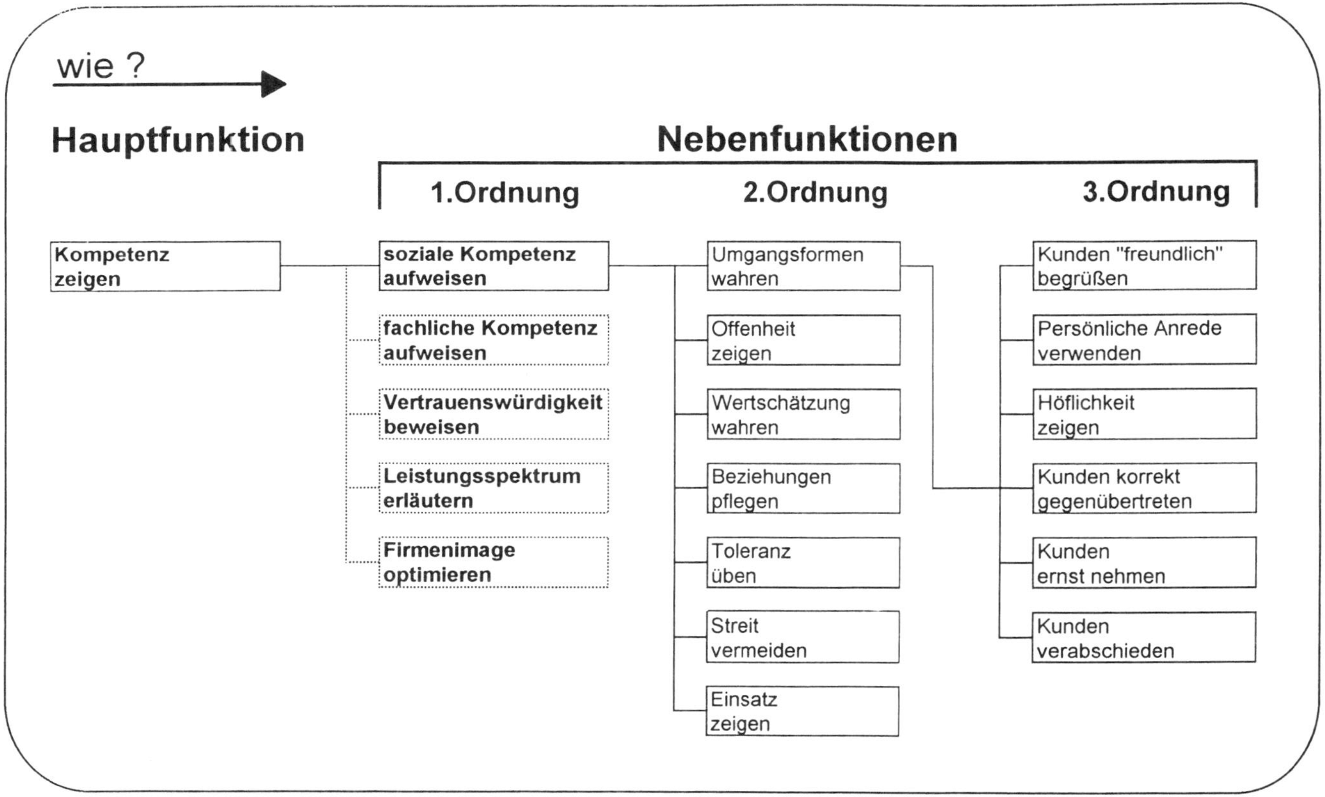

Abb. 25: Beispiel eines Ist-Schemas der Hauptfunktion " Kompetenz zeigen "

Mitarbeiter zur Funktionendefinition in Workshops mitwirken. Sie sind es, die um die Einzelheiten im Tagesgeschäft wissen und ihre individuellen Ansichten im Umgang mit dem Kunden einbringen können.
Die Darstellung in Funktionenbäumen symbolisiert sodann übersichtlich alle Einzelheiten der Geschäftsprozesse, was der Anbierter tut, um externe Qualität zu produzieren. Die Ist-Funktionen geben ein Bild der gegenwärtigen Leistungserstellung, will heißen von dem, was ein Anbieter meint, aus seiner Sicht den Kunden als Qualitätsspektrum erbringen zu müssen.[74)]

Für den Fall, daß gänzlich neue Geschäftsprozesse iniitiert und neue Kundendienstleistungen angeboten werden sollen, kann zwar keine Analyse von etwas Bestehendem gemacht werden mit der Fragestellung, wie etwas "ist", sondern die Herleitung der Funktionen muß unter dem Aspekt erfolgen, wie etwas "sein wird".[75)]
Ob dies dann den Wünschen der Kunden entspricht und inwieweit sie damit zufrieden sein werden, ist nicht gewiß und allenfalls nur vermutbar.

Deshalb gilt es, diesen erarbeiteten Ist-Zustand anhand der Kundenaussagen zu prüfen. Die Frage lautet: "Was muß künftig zur Erfüllung der Kundenwünsche getan werden?" Dazu ist eine funktionale Darstellung des Soll-Zustands zu erstellen, der den von den Kunden geforderten Funktionen entspricht. Hierdurch erfährt man, ob tatsächlich das erbracht wird, was die Kunden wollen.
Der darauf folgende Soll-Ist-Vergleich macht deutlich, wo in den Dienstleistungsabläufen in welcher Weise etwas geändert werden sollte, um künftig kundenorientiert zu sein.

2.3. Das Leistungs-Soll aus Kundensicht definieren

Kundenorientiert sein heißt, den Kunden das zu geben, was sie wünschen. Deshalb muß sich die Soll-Betrachtung von der Anbietersicht lösen. Es ist von den berichteten Kundenerlebnissen auszugehen. Um den Kundenwünschen zu entsprechen, werden die Funktionen deshalb nicht von links nach rechts mit der Fragestellung erarbeitet, "wie" muß eine Hauptfunktion im einzelnen erfüllt werden. Denn dies würde sonst wieder bedeuten, daß der Anbieter die Funktionen abermals selbst festlegt und allein darauf vertraut, daß seine Qualitätsvermutungen den Qualitätserwartungen der Kunden entsprechen.

Hinzu kommt die Gefahr, daß wesentliche Funktionen ganz einfach übersehen oder falsch definiert werden können. Falsch würde ein Anbieter sein Soll festlegen, wenn er meint, daß er soziale Umgangsformen mittels der Funktion "Höflichkeit zeigen" erfüllen kann, weil ein für die Konkretisierung nicht hinreichend geführtes Interview nur "halbe Wahrheiten" hervorgebracht hat, wie die Aussage, daß ein Mitarbeiter zu den Kunden "unhöflich" gewesen sei.
Worin hat sich diese Unhöflichkeit im einzelnen geäußert? War der Mitarbeiter unausgeschlafen und mürrisch, hat er sich als Besserwisser präsentiert oder hatte er es furchtbar eilig, die Kunden wieder loszuwerden?

Höflich, aber nicht zur Zufriedenheit der Kunden, verhielt sich der Verkäufer in einem Autohaus, was aus der Kundenaussage des folgenden ereignisorientierten Interviews hervorgeht:
"Ich habe einen Unfall gehabt und suche dringend ein Ersatzfahrzeug. Es soll eine S-Klasse sein, wobei mir Motorisierung und Ausstattung ziemlich egal sind. Klimaanlage und Airbag haben sie ja serienmäßig alle. Der

Verkäufer hat mich zusammen mit meiner Frau so arrogant abtropfen lassen und uns merken lassen, ohne es auszusprechen, daß er nicht an einem weiteren Verkaufsgespräch interessiert ist; daß ich von diesem Schnösel kein Auto kaufe, ist wohl klar. Er hat uns beide wohl in die Arme-Leute-Kategorie eingeordnet, weil wir gerade mit unseren Hunden vom Spaziergang kommen und Jeans anhaben. Ich kann mir doch nicht jedesmal meinen Kontoauszug auf die Stirn kleben!"

Das Verhalten des Verkäufers war höflich im Sinne der Nebenfunktion 2. Ordnung "Umgangsformen wahren" in Abbildung 25 , als er weder den "guten Ton" verletzt noch sonstige objektiv feststellbare Knigge-relevanten Dinge mißachtet hatte. Was also bemängelte der befragte Kunde? Er kam sich "unter Wert" behandelt vor, und das hat mit formaler Höflichkeit nichts zu tun. Die Funktion 3. Ordnung hierfür muß folglich als "Wertschätzung wahren" definiert werden, was sich deshalb in Abbildung 26 wiederfindet.

Auch ist es möglich, daß für den Ist-Zustand überflüssige Funktionen definiert worden sind, die den Kunden gleichgültig sind, die sie nicht fordern und vielleicht gar nicht wahrnehmen. Deshalb ermöglichen sie dem Anbieter auch keine positive Unterscheidung von seinen Wettbewerbern. Dies wären im Falle einer erfolgten Reparatur solche Erläuterungen über die technischen Eigenschaften ausgewechselter Teile, die die Kunden nicht interessieren und die zu verlangen ihnen von sich aus nicht einfallen würde. Solch Überflüssiges und vom Kunden nicht Geschätztes stellt man häufig auch im Bereich der Sachleistungen fest, wie die Peilstäbe eines Autotyps in der Luxusklasse, die beim Einlegen des Rückwärtsganges aus dem Heck ausfahren.

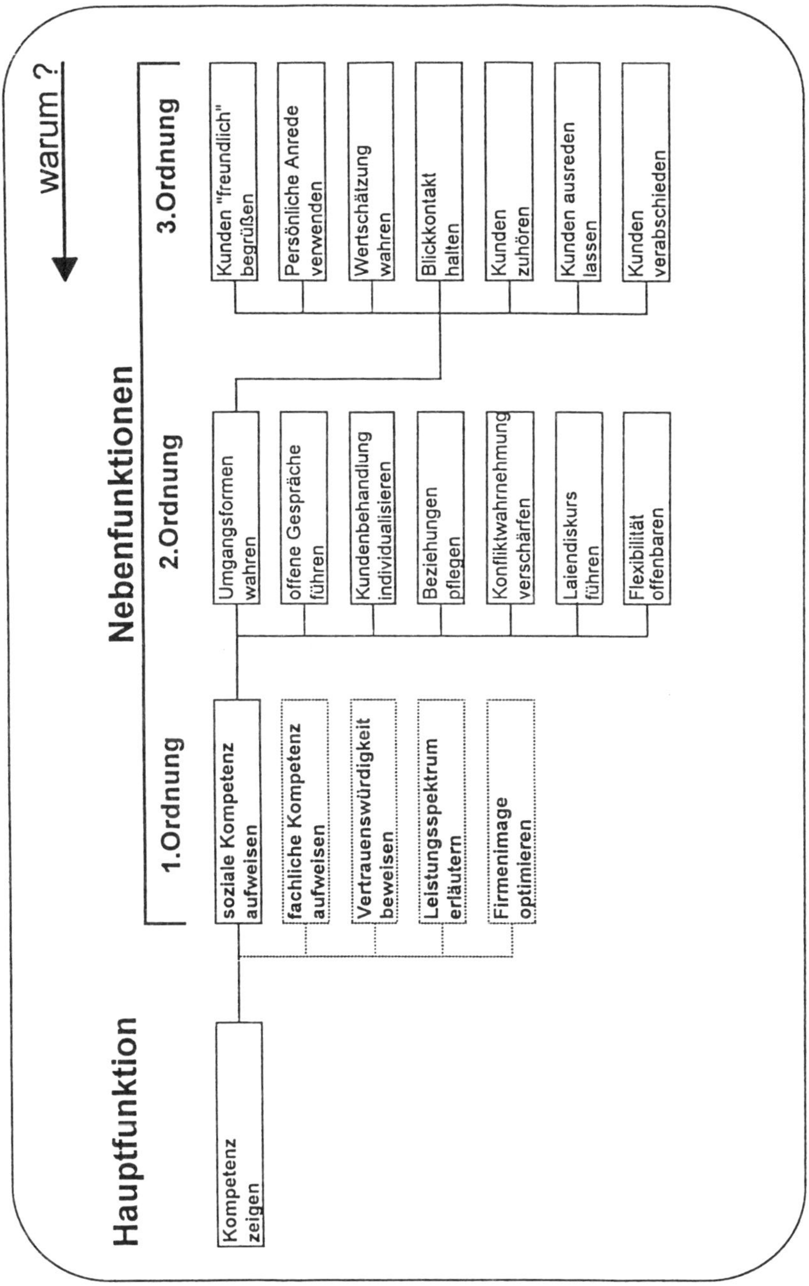

Abb. 26: Beispiel eines Soll-Schemas der Hauptfunktion " Kompetenz zeigen "

Alles, was nicht auf Kundenwünschen fußt und ein Anbieter trotzdem weiterhin tun möchte, muß er besonders kritisch prüfen. Denn es fragt sich, ob aus Kundensicht solche Leistungen als eine nachhaltige positive Differenzierung gegenüber der Konkurrenz wirken können oder ob sie zwar wahrgenommen, indes nicht als Qualitätskriterien wahrgenommen und geschätzt werden.

Soll-Funktionen zur Bestimmung kundenorientierter Abläufe basieren auf den Ergebnissen der ereignisorientierten Befragung, wie das oben genannte Beispiel der "Wertschätzung wahren" belegt.
Die erhaltenen Kundenaussagen sind in Funktionen 3. Ordnung umzusetzen und damit als die Teilqualitäten zu definieren, die erbracht werden müssen.
Folglich stehen nicht die Hauptfunktionen im Vordergrund, sondern die Nebenfunktionen 3. Ordnung. Aus diesem Grunde müssen die Kundenaussagen immer so konkret sein, daß sich daraus Nebenfunktionen 3. Ordnung bilden lassen. Sie sind wesentlich problemspezifischer als jene 2. oder gar 1. Ordnung. Somit ist unbedingt vom Interviewer durch geeignete Hilfsfragen auf konkrete Aussagen über Ereignisse hinzuwirken, um Antworten zu erhalten, aus denen sich Funktionen 3. Ordnung generieren lassen. Womit die Qualifikation der Interviewer angesprochen ist. Sie müssen erfahrene Experten sein.

Kommt es zu keinen konkreten Aussagen der befragten Kunden, die ein Erlebnis erschöpfend im Sinne der Anforderungen der Nebenfunktionen 3. Ordnung beschreiben, werden hieraus für personenbezogene Dienstleistungsprozesse im Falle situativ-offener Dienstleistungsteile keine Funktionen höherer Ordnung gebildet, weil sie eben keine konkrete Auskunft geben, was den Kunden im Detail wichtig ist.

Nochmals anschaulich dargestellt: Die Nebenfunktion 3. Ordnung "Wertschätzung wahren" wird aufgrund konkreter Erlebnisse gebildet, die Interviews im oben genannten Fall des S-Klasse-Käufers oder im folgenden Fall ergeben haben:
"Ich muß nicht auf den Pfennig schauen und gehe gern in ein Fachgeschäft, weil ich Wert auf eine gute Bedienung lege. In diesem Geschäft bin ich so unverschämt behandelt worden, so etwas darf nicht sein! Auf meine höfliche Frage um Beratung bin ich richtig abgewimmelt und sogar von einem Verkäufer geduzt worden, wahrscheinlich weil ich Ausländerin bin".

Wie gesagt, eignen sich nicht alle Antworten der befragten Kunden zur Bildung von Nebenfunktionen 3. Ordnung. Als Beispiel dafür wäre die folgende Aussage, die weniger konkret ist und deshalb nur zur Nebenfunktion 2. Ordnung "Umgangsformen wahren" gemäß Abbildung 26 führen würde:
"Ich muß nicht auf den Pfennig schauen und gehe gern in ein Fachgeschäft, weil ich Wert auf eine gute Bedienung lege. In diesem Geschäft bin ich so unverschämt behandelt worden, so etwas darf nicht sein! Dort wird man von richtigen Rabauken bedient, die sich wie die Axt im Walde aufführen. Diese Typen können sich einfach nicht richtig benehmen."
Was die Mitarbeiter aber im einzelnen nun aus Kundensicht falsch gemacht haben, indem sie die Umgangsformen verletzt haben, geht hieraus nicht hervor. Die Ursache dafür müßte eine Aussage mit höherem Detaillierungsgrad haben, um eine Nebenfunktionen 3. Ordnung generieren zu können. Somit ist diese Aussage nicht weiter verwertbar.

Zwar keine Wünsche, sondern gesetzliche Anforderungen an einzelne Leistungen, gehen selbstverständlich analog in die Nebenfunktionen 3.

Ordnung ein, wie die schriftliche Einverständniserklärung, die Patienten vor einer Operation abgeben müssen oder den Hinweis auf das Widerrufsrecht im Falle von Ratenkäufen.

Abschließend wird der Unterschied von Ist-Analyse und kundenorientierter Soll-Definition am Vergleich ihrer beiden Funktionenbäume deutlich. In Abbildung 25 wird von der Hauptfunktion ausgegangen und anbieterorientiert analysiert, während Abbildung 26 auf den berichteten Kundenerlebnissen aufbaut. Dabei sind die Hauptfunkton und die Funktionen 1. Ordnung in beiden Abbildungen gleich. Dagegen machen die Funktionen 2. und 3. Ordnung den Unterschied zwischen Soll und Ist deutlich. Das Soll wird durch die Präzisierung dieser Nebenfunktionen konkretisiert. Erst der Soll-Funktionenbaum in Abbildung 26 weist, unter anderem, zusätzlich die beiden Nebenfunktionen 3. Ordnung "Kunden zuhören" und "Kunden ausreden lassen" auf, weil ausgesagt worden ist, daß sich Kunden über die Mitarbeiter des Anbieters ärgern, weil diese ihnen weder zuhören noch sie ausreden lassen. Dies wird im Ist-Schema nicht deutlich, wenn vom Personal die Erbringung der Funktionen "Höflichkeit zeigen", "Kunden korrekt gegenübertreten" oder "Kunden ernst nehmen" gefordert wird.

Mit den veränderten oder ergänzten Soll-Funktionen kann der Anbieter sicher sein, daß diese seine Kunden wünschen. Schließlich wurden sie aufgrund der Interviews gebildet. Ansonsten müßten sie von ihm vermutet werden, was der Kundenorientierung widerspricht, wenn zur Erstellung des personenbezogenen Solls ein Anbieter wieder fragen würde: *Wie* muß künftig etwas geschehen, das besser ist als der gegenwärtige Zustand oder, anders formuliert, was muß geschehen, damit der Kunde mit den Umgangsformen des Personals zufrieden ist?

Wahrscheinlich ist auf diese Weise ein Autohändler vorgegangen, der zu wissen meinte, daß seine Kunden wünschen, nahezu nach jedem von seinen Mitarbeitern gesprochenen Satz mit "Mein Herr" oder "meine Dame" angesprochen zu werden, ob es nun der Situation entspricht oder nicht. Daß dieser Anredestandard vielleicht den Kunden mißfallen könnte, war ihm dabei nicht in den Sinn gekommen.

Anders ist es im Falle der situativ-geschlossenen Dienstleistungsteile, wo aufgrund der Kundenaussagen zuweilen nur Nebenfunktionen zweiter Ordnung generiert werden können. Denn was ein Anbieter zum Beispiel alles tun muß, um ständig nachgefragte Ersatzteile am Lager verfügbar zu halten, erfährt er nicht direkt aus den Interviews mit Erlebnissen wie:
"Letzten Monat war an meinem Auto unterwegs ein Wasserschlauch geplatzt. Mit heißem Motor bin ich gerade noch in diese XY-Werkstatt gekommen. Hier habe ich mich sehr geärgert, weil die so einen Schlauch nicht vorrätig hatten und ich mein Auto einen ganzen Tag dort stehen lassen mußte. Bei so einem gängigen Modell muß man doch einfach so ein Ersatzteil auf Lager haben!"
Hieraufhin muß sich ein Anbieter fragen, *wie* die Teileversorgung im einzelnen sicherzustellen ist. Es geht dabei um die internen Prozesse, die ohne Mitwirkung der Kunden als externer Produktionsfaktor ablaufen.

Grundsätzlich heißt das, Fragen zur Durchdringung der Nebenfunktionen konkreterer Ordnung, um zu einer Detaillierung zu kommen, können die Kunden als Außenstehende und organisatorische Laien gar nicht beantworten. Zudem ist es für sie weitgehend uninteressant, wie ein Anbieter zum Beispiel die Aufgabe wahrnimmt, seine Teileversorgung sicherzustellen. Es handelt sich um ein organisatorisches Problem, dessen Funktionen zu seiner Lösung nicht von Kunden berichtet werden, sondern vom

Anbieter selbst erarbeitet werden müssen. In einem derartigen Falle ist das abwärtsschreitende Vorgehen mit der Fragerichtung von links nach rechts geboten.

Ebenso ist es für folgende Aussage:

"Als ich mein Auto morgens abgegeben habe, hat mir der Kundendienstmeister versprochen, ich kann es nachmittags um vier Uhr wieder haben. Da ist es fertig. Von wegen, nichts war fertig, weil ein Ersatzteil gefehlt hat und das erst bestellt werden hat müssen."

Hier ist nicht der Teilemangel die Ursache der Unzufriedenheit, sondern die nichteingehaltene Terminzusage. Um Absprachen hinsichtlich erledigter Reparaturen einhalten zu können, muß selbstverständlich die Teileversorgung sichergestellt werden. Handelt es sich um teuere und nur selten nachgefragte Teile, wird diese ein Reparaturbetrieb nicht ständig am Lager haben, sondern im Bedarfsfalle erst beschaffen. Sollte sich dadurch der Fertigstellungstermin um ein bis zwei Tage verschieben, werden die Kunden das weitgehend dann akzeptieren, wenn der Anbieter ihnen den Umstand dafür argumentativ näherbringt.

Wie in Abbildung 27 dargestellt, geht es deshalb darum, daß sich die Kundendienstmitarbeiter des notwendigen Teilebedarfs und der Vorrätigkeit am Lager für eine fristgerechte Reparatur versichern, und erst daraufhin eine Terminzusage machen. Zudem hat natürlich die Lagerorganisation sicherzustellen, daß in der Lagerdatei als vorrätig ausgewiesene Teile dann tatsächlich auch an ihren Lagerplätzen sind. Hierzu ist wiederum ein Funktionenschema zu erstellen.

Durch die Verzahnung innerhalb der Funktionenstruktur des Dienstleistungssystems eines Anbieters werden wechselseitige Beziehungen der einzelnen Abteilungen deutlich. Ihre Visualisierung in Form von Geschäftsprozessen legt dies offen (siehe Punkt 2.5.1.) und läßt beispielsweise Barrieren für den Informationsfluß erkennen.

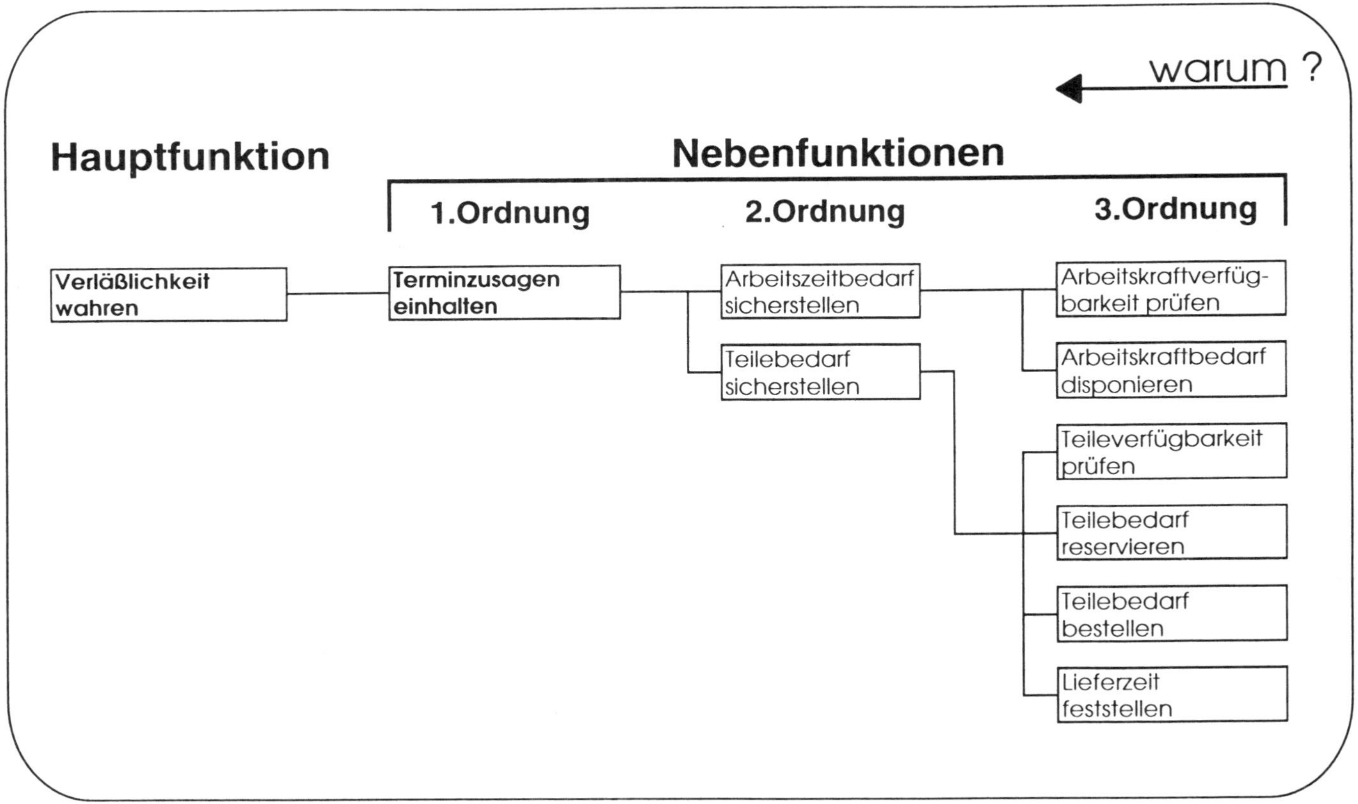

Abb. 27: Ausschnitt aus dem Soll-Schema der Hauptfunktion " Verläßlichkeit wahren "

Aus der Herleitung zur Erstellung der Soll-Funktionen wird deutlich, daß es keine allgemein gültigen Funktionenbäume geben kann, die durchgängig für eine Branche gelten. Denn keineswegs sind die Erwartungen der Kunden an alle Anbieter immer die gleichen, sondern hängen von verschiedenen Faktoren ab, wie beispielsweise dem jeweiligen Angebotsniveau der Anbieter in einer Branche. "Soziale Kompetenz aufweisen" als Funktion 1. Ordnung mit ihren Implikationen "Umgangsformen wahren" etc. kann bei einem Discounter als Qualitätsanforderung eine nur untergeordnete Rolle spielen, da für die Kunden das niedrige Preisniveau im Vordergrund steht. Auch hat das Kassenpersonal geringere Möglichkeiten, seine soziale Kompetenz zu zeigen. Der situativ-offene Dienstleistungsprozeß wird sich im Normalfalle auf die Nennung des im Kassendisplay erscheinenden und zu zahlenden Betrages beschränken sowie dem Inkasso und der Herausgabe des Wechselgeldes. Ganz anders ist es dagegen in einem Fachgeschäft oder einer Boutique mit Hochpreisniveau. Hier ist das A und O die Bedienung und Beratung sowie die Individualität der Ansprache des Kunden. "Soziale Kompetenz aufweisen" steht dabei im Vordergrund.

Aufgrund dieser unterschiedlichen Qualitätsanforderungen an die unterschiedlichen Anbieter muß man das Soll eines Anbieters von Fall zu Fall aus Kundensicht jeweils neu definieren.

2.4. Mittels Soll-Ist-Vergleich die Leistungen optimieren

Nach der Erarbeitung dessen, was zu tun ist, um den Kundenwünschen gerecht zu werden, sind diese Funktionen hierzu jenen des Ist-Zustands gegenüberzustellen. Aus dem Vergleich wird dann deutlich, ob sie im gegenwärtigen Leistungsumfang (Ist-Zustand) fehlen oder im Gegenteil, ob die Kunden verschiedene Ist-Funktionen nicht nur als überflüssig, sondern darüber hinaus sogar als negativ empfinden, wie das oben am Beispiel der Anrede mit "mein Herr" nach jedem Satz für die Hauptqualitätskategorie "Kompetenz" dargestellt worden ist.
Ergibt der Soll-Ist-Vergleich, daß die Kunden mehr, weniger oder vielleicht etwas anderes erwarten, als ihnen geboten wird, muß dem entsprochen werden. Erst dann erhalten sie die Qualität, die sie wünschen.
Dadurch kann sich natürlich auch der "Wert" einzelner Leistungen ändern, wenn die Organisation des Kundendienstes geändert und neu gestaltet werden muß. Als Ergebnis ist ein Leistungsoptimum eingedenk der Kundenwünsche anzustreben. Folgendes sollte dann getan werden:

Unnötige Funktionen und Kosten dafür werden eliminiert, wenn keine Nachteile für den Kundennutzen entstehen. Häufig betrifft dies sachorientierte Funktionen des Erscheinungsbildes an einzelnen Kundenkontaktpunkten. Sie gehen ebenfalls aus den Kunden-Interviews hervor.
Eine nicht nur unnötige, sondern sogar geschäftsschädigende Funktion "Gäste unterhalten" wurde deshalb in einem Restaurant eines Hotels der gehobenen Mittelklasse eliminiert. Der Betreiber hatte nämlich gemeint, seine Gäste mit gut hörbarer Radiomusik, einschließlich Verkehrsinformationen, Werbung und Nachrichten non stop aus einer in die Raumdecke eingebauten Stereoanlage beschallen zu müssen. Einige Gäste indes benannten dies in der Hauptkategorie "Physisches Umfeld" als so sehr stö-

rend, daß sie trotz der guten Küche und sonstiger positiv benannter Faktoren nicht mehr wiederkommen wollten.

Oder: Die ereignisorientierte Befragung für die gleiche Qualitätskategorie der Kunden eines Autohauses ergibt, daß ihnen Gebäude und Empfangssituation zu protzig erscheinen und weniger Pomp dem Image förderlich wäre. Des weiteren äußern die Kunden teilweise sogar Unbehagen beim Befahren des Firmengeländes, weil sie sich nicht als Bittsteller vorkommen wollen, wenn sie erst an einer Schranke mit einem Lautsprecher kommunizieren müssen, um eingelassen zu werden, damit sie ihr Geld ausgeben dürfen.
Änderungen der Einfahrtsituation können sofort erfolgen und für die Zukunft vom zentralen Hersteller andere Richtlinien für die bauliche Gestaltung von Autohäusern seiner Marke vorgegeben werden.
Diese Ergebnisse sind gleichsam als Koppelprodukte anzusehen, die an die Entscheidungsträger außerhalb des operativen Kundendienstbereichs weiterzureichen sind.

Wo sich des weiteren Synergieeffekte ergeben, werden Funktionen zusammengelegt. Beispielsweise wird der Kundendienst einer Bank von der Hauptqualitätskategorie "Kompetenz" berührt. Wenn die Kunden eine umfassende Betreuung aus einer Hand wünschen und in allen Geldangelegenheiten nur eine Anlaufstelle haben wollen, müssen die im Ist-Zustand von verschiedenen Fachleuten in räumlicher Trennung wahrgenommenen unterschiedlichen Geldgeschäfte zusammengefaßt werden (außer Spezialprodukte), was zudem Reibungsverluste mit folglichem Mehraufwand eliminiert. Hier eignen sich Kundendienstgruppen nach alphabetisch abgegrenzten Kundensegmenten oder nach Kontonummern (außer Neukunden), in denen jeweils eine komplette Betreuuung erfolgt.

Neue Funktionen, an die der Anbieter bislang gar nicht gedacht hat, und vielleicht auch Kosten kommen hinzu, wenn ein Reiseveranstalter nicht nur einen Gepäckservice vom Zielflughafen zum Hotel anbietet, sondern auch bei der Rückkehr von der Gepäckannahme bis zum Auto des Reisenden am Parkplatz oder zu seiner Wohnung. Dies erweitert seine Kompetenz.

Für den Kundendienst entsteht hieraus ein funktionales Pflichtenheft, das erfüllt werden muß, um externe Qualität zu produzieren. Es ist die Voraussetzung für Zufriedenheit und spätere Treue.
Je nachdem, wo eine ereignisorientierte Befragung Defizite offengelegt hat, muß die Verbesserung ansetzen. Dazu gibt die Kategorisierung der berichteten Ereignisse in situativ-offene und situativ-geschlossene Bestandteile grob die Marschrichtung vor. Muß sich primär das Verhalten der Mitarbeiter ändern oder sind Mängel der betrieblichen Organisation zu beseitigen? Das zu wissen ist entscheidend für die Effektivität und natürlich auch für die Effizienz der ins Auge zu fassenden Maßnahmen. So kann selbst die beste dialektische Schulung des Personals keine gravierenden Unzulänglichkeiten der internen Organisation beseitigen und die Mitarbeiter können sie gegenüber ihren Kunden nicht schönreden. Für den anderen Fall kann eine Top-Organisation nicht menschliches Fehlverhalten im face-to-face-Kontakt mit den Kunden kompensieren.

2.5. Implementierung der externen Qualität

2.5.1. Die Organisation kundenorientiert gestalten

Als Methode zur Verbesserung sowohl der Ablauf- als auch der ihr folgenden Aufbauorganisation - denn stets folgt der Aufbau dem Ablauf und nicht umgekehrt - empfiehlt sich eine Geschäftsprozeßoptimierung, die auf der funktionalen Sicht basiert. Ein Beispiel für dieses Vorgehen gibt Abbildung 28. Daß hierbei die Kunden die eigentlichen Gestalter der Organisation sind, ist das Bemerkenswerte. Ihre Bedürfnisse gehen in die Abläufe und Strukturen ein. Denn es sind die Funktionen, die aufgrund der ereignisorientierten Befragung gebildet worden sind und die die Kundenwünsche widerspiegeln.
Wurde deshalb die Soll-Funktion "Rechnung erläutern" zusätzlich definiert, so ist sie im Ablauf entsprechend zu planen. Dies kann eine Änderung der Struktur dergestalt nach sich ziehen, daß die Rechnung nicht mehr an der Kasse, sondern am Platz des Kundendienstmeisters ausgedruckt wird und deshalb dort Terminal und Drucker als sachliche Elemente der Organisation stehen müssen.
Kundenorientiert kann eine Organisation folglich erst dann genannt werden, wenn sie auf die Erwartungen der Kunden ausgerichtet ist.

Auch ermöglicht es das funktionale Vorgehen ohne weiteres, die Kosten für die einzelnen Geschäftsprozesse für den Ist-Zustand zu analysieren sowie für das Soll zu planen und zu dokumentieren, wie die Funktionskostenmatrix in Abbildung 29 zeigt. Das Beispiel ist wieder aus dem Kundendienstbereich des Automobilhandels für den Ablauf "Fahrzeug zurückgeben" entnommen.
Für situativ-geschlossene Abläufe können die Kosten der Geschäftspro-

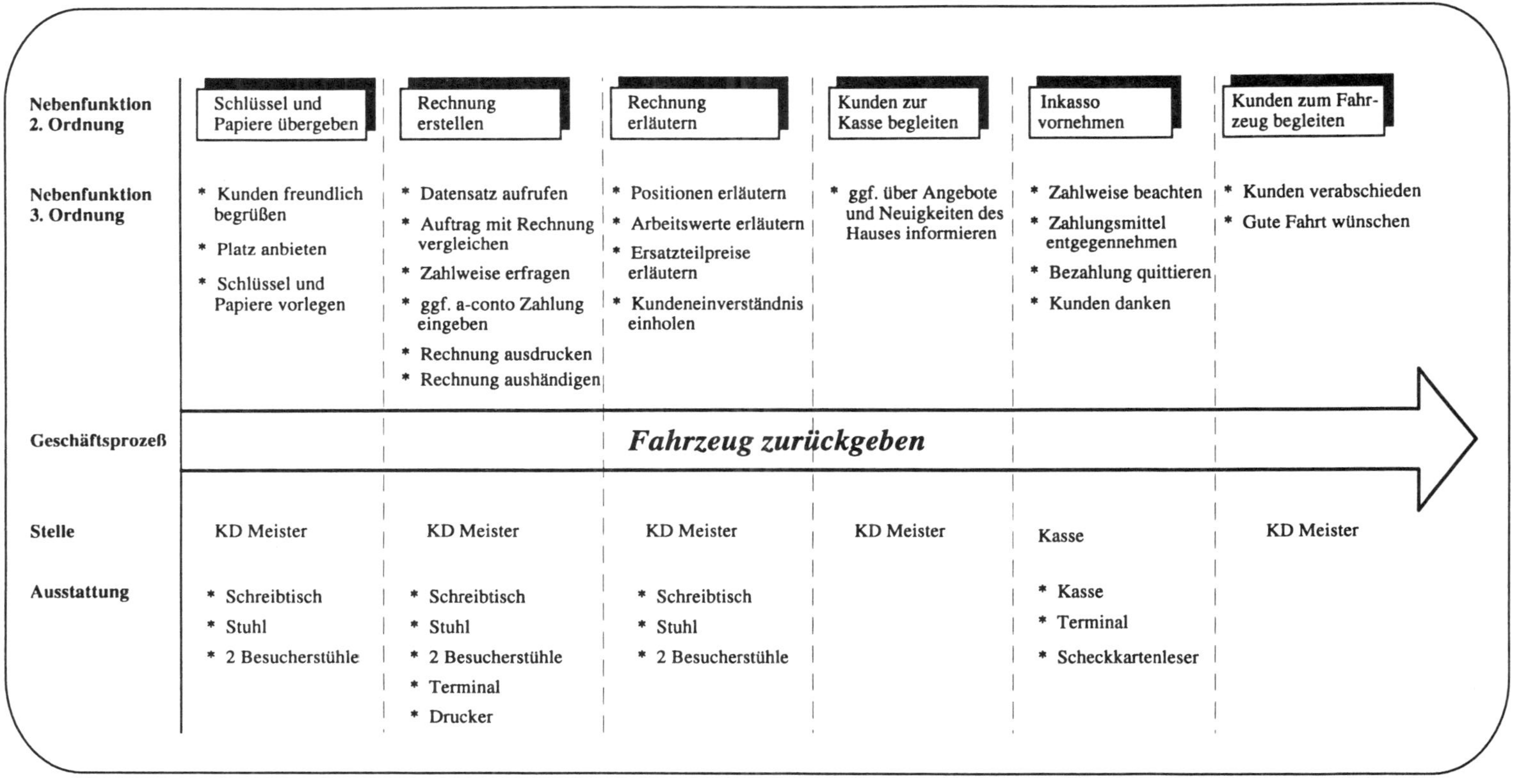

Abb. 28: Geschäftsprozeß "Fahrzeug zurückgeben"

Nebenfunktion 2. Ordnung	Nebenfunktion 3. Ordnung	Summe	Kostenstellen: KD - Meister	Kostenstellen: Kasse
Schlüssel und Papiere übergeben	Kunden freundlich begrüßen		XXX	
	Platz anbieten		XXX	
	Schlüssel und Papiere vorlegen		XXX	
Rechnung erstellen	Datensatz aufrufen		XXX	
	Auftrag mit Rechnung vergleichen		XXX	
	Zahlweise erfragen		XXX	
	A-conto Zahlung eingeben		XXX	
	Rechnung ausdrucken		XXX	
	Rechnung aushändigen		XXX	
Rechnung erläutern	Positionen erläutern		XXX	
	Arbeitswerte erläutern		XXX	
	Ersatzteilpreis erläutern		XXX	
	Kundeneinverständnis einholen		XXX	
Kunden zur Kasse begleiten	Informationen geben		XXX	
Inkasso vornehmen	Zahlweise beachten			XXX
	Zahlungsmittel entgegennehmen			XXX
	Bezahlung quittieren			XXX
	Kunde danken			XXX
Kunden zum Fahrzeug begleiten	Kunde verabschieden		XXX	
	Gute Fahrt wünschen		XXX	
	Summe	DM	*DM*	*DM*

Abb. 29: Funktionskostenmatrix für den Ablauf "Fahrzeug zurückgeben"

zesse bis in ihre elementaren Bestandteile, nämlich den Funktionen 3. Ordnung, erhoben oder geplant werden. Für die Ist-Analyse sind Techniken, wie die Multimomentaufnahme, zur Datensammlung dienlich.

Ebenso sind die Kosten für situativ-offene Abläufe ins Auge zu fassen, an denen die Kunden unmittelbar beteiligt sind und darauf direkten Einfluß haben. Jedoch sind hierbei große Bandbreiten möglich, innerhalb derer die Kosten variieren, je nach Kunde und Umfang seiner Einflußnahme. Nicht allein pro zu erbringender Funktion können die zeitlichen Unterschiede mit ihren Kosten auseinanderklaffen. Vielmehr kann durch die Addition der einzelnen Abweichungen pro Funktion die Summe für den gesamten Geschäftsprozeß erheblich differieren.
Für situativ-offene Komponenten sollten die Kosten infolge ihrer möglichen Bandbreiten als Mittelwerte daraus geplant werden.

Beispielsweise kann ein Kunde zur Funktion "Rechnung erläutern" nicht allein eine ausführliche Erklärung seiner Reparaturrechnung verlangen, sondern als besonders kommunikativem Menschen fällt ihm vielleicht während der Erläuterung ein Vorfall anläßlich einer Rechnung von einem völlig anderen Anbieter ein, wozu er meint, darüber dem Kundendienstmitarbeiter berichten zu müssen. Der Zeitaufwand zur sozial kompetenten Behandlung dieses Kunden wird wesentlich größer sein als der eines eiligen oder mit Reparaturrechnungen vertrauten Kunden, der auf jedwede Erklärung und somit auf die gesamte Funktion verzichtet. Der Aufwand dafür ist gleich null.

So verursachen sehr mitteilsame Kunden erhöhte Personalkosten, die allein durch den Ablauf der Zeit entstehen, während Mitarbeiter den Erzählungen zuhören. Durch Nichtzuhören oder Nichtausreden lassen können die Kunden verärgert werden, sie vermissen die Qualität im persönlichen Umgang und reagieren unzufrieden. Ereignisse hieraus werden im Rahmen der Hauptfunktion "Kompetenz zeigen" (siehe Abb. 25/26) berichtet, wenn Kundendienstmitarbeiter ihren Kunden kein Gehör schenken oder ihnen ins Wort fallen.

Im Rahmen der generellen Mitarbeiterschulung, die man vor Beginn des Arbeitseinsatzes dem Personal zur Ausübung seiner jeweiligen Tätigkeit angedeihen lassen sollte, ist es ratsam, alle die Mitarbeiter, die mit den Kunden in direkten Kontakt kommen, interventionstechnisch auszubilden. Sie müssen in der Lage sein, die in ihrem Ausgang offenen Kundendienstabläufe einerseits in einem vertretbaren Aufwand zu halten, andrerseits den Kunden das Gefühl einer adäquaten Behandlung zu geben.

2.5.2. Kundenorientiertes Denken installieren

Ebenso wie die organisatorische Ausgestaltung ist das Denken und Handeln des Personals auf das auszurichten, was die Kunden wollen. Folglich müssen Qualitätsverbesserungen für den personenorientierten Teil des Kundendienstes mit seinen situativ-offenen Komponenten primär an den Mitarbeitern ansetzen. Ihr Verhalten gegenüber den Kunden ist mitentscheidend für den Unternehmenserfolg. Denn die direkte Beziehung zum Kunden lebt durch ihre Emotionalität und birgt ein hohes Loyalitätspotential.

Zu allererst ist natürlich zu fragen, ob ein Anbieter hinreichend über kundenorientierte Mitarbeiter verfügt. Personalentwicklung beginnt bekanntlich mit der Personalauswahl. Personenbezogene, situativ-offene Dienstleistungsprozesse haben andere Anforderungsprofile als situativ-geschlossene Abläufe, in denen keinerlei Kundenkontakte bestehen. Hierauf ist das Hauptaugenmerk von Personalauswahl und -einsatz zu legen, damit der richtige Mitarbeiter am richtigen Platz agieren kann. Denn introvertierte oder von Natur aus wortkarge Menschen macht man nicht durch Training zu kundenorientierten "Kommunikationskanonen". Ihnen sollte man die situativ-geschlossenen Prozesse ohne Kundenkontakte überlassen.

Ist die Voraussetzung des kundenorientierten Mitarbeitereinsatzes erfüllt und geben berichtete Ereignisse aus den Interviews dennoch Anlaß zur Verhaltensänderung, wird keine breitstreuende Mitarbeiter(nach)schulung notwendig, die auf alle möglichen Facetten des Kundenkontaktes eingeht, die aber teilweise in dem betroffenen Betrieb höchstwahrscheinlich nicht vorkommen oder überwiegend ohne Beanstandung erbracht worden sind. Vielmehr kann man problemkonkretisiert vorgehen. Haben sich Kunden beschwert, daß ihnen die Rechnung arrogant erklärt wurde oder daß man ihnen das Wort abgeschnitten hat, können den Mitarbeitern gezielt interventionstechnische Hilfestellungen gegeben und in einem Rollenspiel vertieft werden.

Da die Ergebnisse der Kundenzufriedenheit auf Bereiche oder sogar einzelne Mitarbeiter zurechenbar sind, bietet sich die Koppelung von Motivationsmaßnahmen an. Nicht allein materielle Anreize, wie Kunden-Zufriedenheitsprämien aufgrund positiver Ereignisberichte, sind daher geboten, sondern weitere immaterielle Incentives können damit verbunden werden. Ihre Stoßrichtung muß auf eine erfolgreiche Kundenbetreuung zielen, wie die Erweiterung des Kompetenzrahmens zur Lösung von Problemen im Tagesgeschäft. Schließlich sind zufriedene Mitarbeiter eine wesentliche Voraussetzung für zufriedene Kunden

3. Stufe 3
Revision: Über die Einhaltung des Pflichtenheftes wachen

Ein Pflichtenheft für organisatorische Verbesserungen und personelle Verhaltensänderungen im Umgang mit den Kunden ist allein nur die Voraussetzung für Kundenzufriedenheit und spätere Treue, erst ihre Umsetzung wirkt als Garant. Das Vertrauen in die hohe Qualität der eigenen Leistung ist zwar gut, zusammen mit der permanenten Kontrolle darüber besser. Wer wäre da ein besserer Kontrolleur als der Kunde selbst?
Deshalb wird erhoben, ob und wenn ja, inwieweit die Mitarbeiter die in Stufe 2 festgelegten Soll-Funktionen im Zeitverlauf auch tatsächlich erfüllen.
Wie erfährt man das? Selbstverständlich wieder durch die Befragung der Kunden, aber diesmal wesentlich unkomplizierter. Auf der Basis der Stufen 1 und 2 entsteht nun ein multiattributiver Fragebogen, wie am Beispiel der Abbildung 30 auszugsweise dargestellt. Er schließt die Schwächen einer sonst isoliert durchgeführten merkmalsorientierten Befragung weitgehend aus.

Je nach Branche und Geschäftsfeld wird eine Segmentierung in spezielle Kundengruppen, wie oben beispielhaft gezeigt, vorgenommen.

VII. Kommen wir nun zu den Umgangsformen unserer Mitarbeiter:

a) Werden Sie so freundlich begrüßt, wie Sie es von uns erwarten ?

❐ ja
❐ nein

b) Werden Sie als Stammkunde mit Ihrem Namen angesprochen ?

❐ ja
❐ manchmal
❐ nie
❐ man spricht mich manchmal mit einem falschen Namen an

c) Begegnet man Ihnen,

❐ wie Sie es erwarten ?
❐ eher respektlos ?
❐ eher anbiedernd ?
❐ abweisend ?

Abb. 30: Auszug eines multiattributiven Fragebogens

Eine Erstellung des "PVP"-spezifischen Fragebogens geht folgendermaßen vor: Die Fragen nach der externen Qualität und -zufriedenheit mit den erbrachten Leistungen werden direkt mit den Soll-Funktionen 3. Ordnung des Pflichtenheftes verknüpft. Das heißt, es wird nach dem Erfüllungsgrad der vom Kunden gewünschten Leistungen gefragt und jede Antwort muß deshalb jeweils eine Funktion 3. Ordnung betreffen. Abbildung 31 zeigt diesen Zusammenhang mittels eines Fragebogenauszugs, dessen Fragen mit den ersten drei Funktionen 3. Ordnung des Soll-Schemas der Hauptfunktion "Kompetenz zeigen" aus Abbildung 26 verbunden sind.

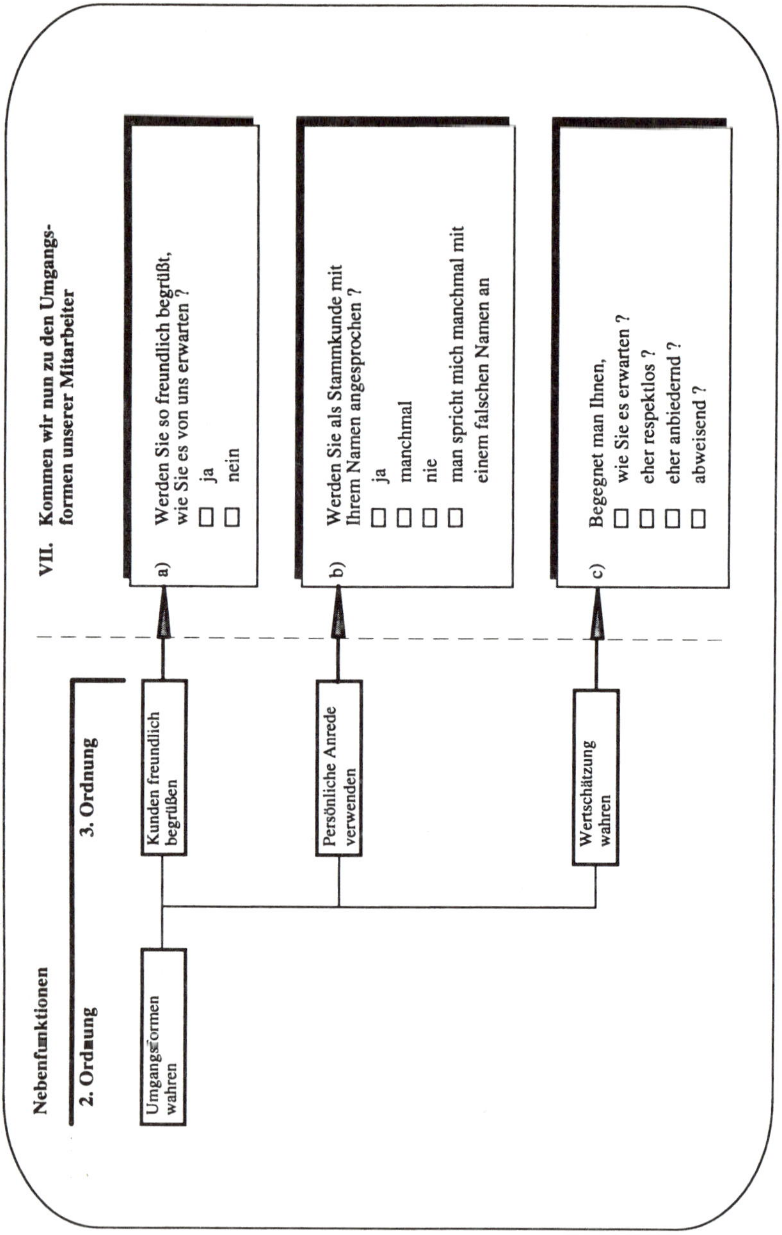

Abb. 31: Verbindung eines Fragebogenauszugs mit einem Funktionenbaum

Gebietet das Pflichtenheft "Persönliche Anrede (der namentlich bekannten Kunden) verwenden", wird hierzu die Frage formuliert: "Werden Sie als Stammkunde mit Ihrem Namen angesprochen?" Die vorgegebenen Antwortalternativen vermitteln ein Bild über die Einhaltung der Soll-Funktion 3. Ordnung.

Die sich in regelmäßigen Abständen wiederholende Befragung der Stufe 3 liefert somit ein verläßliches Bild über den Leistungsfort- oder -rückschritt in der Kundendienstorganisation eines Anbieters. Die Voraussetzung dafür ist, neben dem Pflichtenheft der zu erbringenden Soll-Funktionen, die Gestaltung eines multiattributiven Fragebogens.
Welche Möglichkeiten es zu seiner Erstellung gibt, soll der folgende Punkt als kurzer Überblick geben.

3.1. Varianten multiattributiver Verfahren

Wie in Abbildung 32 dargestellt, gliedern sich Multiattributverfahren[76)] in einstellungs- und zufriedenheitsorientierte Varianten, die ihrerseits wieder aufgrund der direkten und indirekten Messung zu unterscheiden sind. Zudem kann man bei diesen Meßansätzen noch den Ein- und den Zweikomponentenansatz wählen, je nachdem, ob nur die Eindruckskomponente erhoben und den einzelnen Qualitätsmerkmalen die gleiche Bedeutung beigemessen werden soll oder ob neben der Eindruckskomponente zusätzlich das Element der relativen Wichtigkeit (Bedeutungskomponente) eines Qualitätskriteriums innerhalb des Leistungsbündels zu erfassen ist (Zweikomponenten Variante).

Variante	Vorgehen	Kritik
Einstellungsorientiert		
a) mit direkter Messung	Messung über die Eindruckskomponente durch eine "Gut-Schlecht-Skala" oder "Wichtig-Unwichtig-Skala", oder über Aussagen die vorgegeben werden	Kriterien werden vom Leistungserbringer vorgegeben
b) mit indirekter Messung	Aufspaltung der Eindruckskomponente in eine Aussage über den Ist-Zustand und den Soll-Zustand	Durch den Soll/Ist-Vergleich ist ein Rückschluß auf die tatsächliche Leistungsqualität möglich
Zufriedenheitsorientiert		
a) mit direkter Messung	Diskrepanz zwischen erwarteter und erlebter Leistung und die daraus resultierende Zufriedenhheit wird anhand einer Skala "sehr zufrieden - gar nicht zufrieden" abgefragt	Evtl. Differenzierungsprobleme seitens der Probanden können auftreten. Im großen und ganzen ist es ein relativ unproblematisches Verfahren
b) mit indirekter Messung	Erwartungskomponente wird vor und die erlebte Erfüllung nach dem Leistungserlebnis erhoben	Praktische Anwendungsprobleme, da der Anbieter bekannt sein muß und bereits Erfahrungen mit den Qualitätsmerkmalen vorhanden sein müssen

Abb. 32: Varianten multiattributiver Verfahren

3.1.1. Einstellungsorientierte Varianten

Einstellungsorientierte Varianten gehen von der Überlegung aus, daß das Qualitätsurteil der Kunden das Ergebnis von Lernprozessen ist,[77)] sei es aufgrund unmittelbar selbst gemachter Erlebnisse oder mittelbarer Erfahrungen, die man durch andere Personen erlangt hat. Beide Male erheben diese Verfahren die Ablehnung oder Zustimmung zu vorgegebenen Aussagen, wie:
"Bei der Kundendienstannahme wird man rasch bedient."
Die Kunden sollen hierauf eine Wertung treffen, beispielsweise mit Schulnoten. Note 1 bedeutet, daß die Aussage "voll zutrifft", Note 6 gibt an, daß die Aussage "überhaupt nicht zutrifft".
Da nur Kunden befragt werden, die ein Anbieter bedient hat, wird dadurch ausgeschlossen, daß Probanden Einstellungen vertreten, ohne spezielle Erfahrungen mit den Dienstleistungen dieses Anbieters gemacht zu haben.

Die einstellungsorientierte Messung läßt sich weiter in eine direkte und eine indirekte Variante unterscheiden.
Die Vorteile der direkt-einstellungsorientierten Qualitätsmessung liegen in der einfachen Erhebung, schnellen Durchführbarkeit und breiten Einsatzmöglichkeit. Den Befragten können dabei "Gut-Schlecht"-Skalen, "Wichtig-Unwichtig"-Skalen oder Zustimmungsskalen zu positiv formulierten Aussagen vorgegeben werden. Eine Fluggesellschaft könnte seinen Passagieren die Aussagen in Abbildung 33 zur Beurteilung vorgeben:
"Man braucht bei unserer Gesellschaft nicht lange am Counter zu warten." und "An Bord unserer Flugzeuge wird man in jeder Hinsicht hervorragend bedient."

Nachfolgend finden Sie verschiedene Eigenschaften zusammengestellt, die eine Fluggesellschaft haben kann.
Bitte geben Sie zu jeder Eigenschaft an, wie stark sie auf unsere Gesellschaft zutrifft.

1) Man braucht am Counter nicht lange zu warten.

trifft genau zu	trifft überwiegend zu	trifft teilweise zu	trifft weniger zu	trifft nicht zu
☐	☐	☐	☐	☐

2) An Bord unserer Flugzeuge wird man in jeder Hinsicht hervorragend bedient.

trifft genau zu	trifft überwiegend zu	trifft teilweise zu	trifft weniger zu	trifft nicht zu
☐	☐	☐	☐	☐

Abb. 33: Beispiel einer direkt-einstellungsorientierten Qualitätsmessung

Die indirekt-einstellungsorientierte Qualitätsmessung spaltet die Eindruckskomponente zusätzlich in eine konstatierende Aussage über den Ist-Zustand und eine weitere Aussage über den gewünschten Soll-Zustand auf. Dadurch werden Diskrepanzen zwischen der Qualität erforscht, die die Kunden zum einen wahrnehmen und zum anderen wünschen.

Gegenüber der direkt einstellungsorientierten Messung hat dies den Vorteil, daß man die vom Kunden wahrgenommenen Qualitätsmängel in Form der Soll-Ist-Abweichung erkennt, was allein aus der Angabe konstatierter Sachverhalte nicht ersichtlich ist. Wenn ein Kunde einer Fluggesellschaft äußert, er mußte am Counter lange (vielleicht 10 Minuten) auf seine Abfertigung warten, sagt dies nichts darüber aus, ob das zu lange war und für die Zukunft geändert werden sollte. Dieses läßt sich jedoch erkennen und lösen, wenn die Kunden ihre Idealvorstellung angeben, daß die Wartezeit nicht länger als drei Minuten betragen darf. Abbildung 34 erfaßt diesen Sachverhalt.

Bitte beantworten Sie die folgenden Fragen zu verschiedenen Qualitätsmerkmalen zunächst für unsere Fluggesellschaft und dann für eine Gesellschaft, die Ihren Vorstellungen vollkommen entspricht (Idealfall).

1) Wie lange ist die Wartezeit am Counter ?

über 10 Min.	7 Min	5 Min	3 Min.	man kommt gleich dran
☐	☐	☐	☐	☐

2) Wie lange ist die ideale Wartezeit am Counter ?

über 10 Min.	7 Min	5 Min	3 Min.	man kommt gleich dran
☐	☐	☐	☐	☐

Abb. 34: Beispiel einer indirekt-einstellungsorientierten Qualitätsmessung

3.1.2. Zufriedenheitsorientierte Varianten

Im Falle der zufriedenheitsorientierten Qualitätsmessung werden einzelne Leistungsmerkmale genannt und die Kunden gefragt, wie zufrieden sie damit sind. Sind die Qualitätserwartungen gleich oder geringer als die empfangenen Leistungen, ergibt sich eine positive Qualitätseinschätzung. Bleiben die Leistungen hinter den Erwartungen zurück, ist die Qualitätseinschätzung negativ.

Zufriedenheitsorientierte Messungen setzen an konkreten Konsumereignissen an, die die Kunden selbst erlebt haben und bewerten sollen. Im Dienstleistungsbereich ist dies in der Regel die Begegnung zwischen Anbieter und Kunden. Ein Fragebogen kann das Merkmal "gute Beratung bei der Kundendienstannahme" enthalten und die Kunden bitten, den Grad ihrer Zufriedenheit, beispielsweise in einer Vier-Punkte-Skala auszudrücken, die von "sehr zufrieden" über "zufrieden", "weniger zufrieden" bis zum negativsten Wert "gar nicht zufrieden" reicht.[78)]
Wie die einstellungsorientierte Messung läßt sich der zufriedenheitsorientierte Ansatz in eine direkte und indirekte Variante unterscheiden.

Die direkt-zufriedenheitsorientierte Variante erhebt die Diskrepanz zwischen erwarteter und erhaltener, also subjektiv erlebter Qualität und fragt nach der daraus resultierenden Zufriedenheit. Die Fluggesellschaft könnte ihre Passagiere fragen, wie zufrieden sie unter anderem mit der Freundlichkeit am Counter sind und, nach der Zweikomponenten-Variante in Abbildung 35, wie wichtig ihnen das ist.
Auch hier reicht die Antwortskala von "sehr zufrieden" über "zufrieden", "weniger zufrieden" bis zu "gar nicht zufrieden"
Der Aufwand für derartige Befragungen ist gering, zumal die Kunden im

allgemeinen mühelos ihr Urteil unter eine der vier Antwortmöglichkeiten einordnen können.

Bitte geben Sie die Wichtigkeit an, die nachfolgende Kriterien für Sie als Fluggast haben. Sodann bewerten Sie bitte Ihre Zufriedenheit mit den von uns erbrachten Dienstleistungen.

- Wartezeit am Counter bis zur Abfertigung

\- Wichtigkeit +   - Zufriedenheit +
☐☐☐☐☐☐☐☐☐☐☐   ☐☐☐☐☐☐☐☐☐☐☐

- Freundlichkeit des Bordpersonals

\- Wichtigkeit +   - Zufriedenheit +
☐☐☐☐☐☐☐☐☐☐☐   ☐☐☐☐☐☐☐☐☐☐☐

Abb. 35: Beispiel einer direkt-zufriedenheitsorientierten Qualitätsmessung in der Zweikomponenten-Variante

Die indirekt-zufriedenheitsorientierte Variante ist eine Vorher-Nachher-Befragung und vollzieht sich zweigeteilt, indem sie die Erwartungen vor und die erlebte Erfüllung nach dem Leistungsergebnis erhebt.
Aus Abbildung 36 geht hervor, daß der Aufwand hierbei größer ist, denn man muß die Kunden bereits vor der Leistungserbringung kennen und befragen, um sie danach nochmals zu kontaktieren.

Vorherige-Befragung

Bitte kreuzen Sie das Kästchen an, das Ihre Erwartungen zum bevorstehenden Flug am besten erfüllt.

	sehr wahrscheinlich				sehr unwahrscheinlich
- Am Counter muß ich nicht warten	☐	☐	☐	☐	☐
- Das Bordpersonal wird freundlich sein	☐	☐	☐	☐	☐

Nachher-Befragung

Wir hatten Sie vor Ihrem Urlaub nach Ihren Erwartungen gefragt. Bitte sagen Sie uns jetzt, inwieweit sich Ihre Erwartungen erfüllt haben.

	stimmt genau				stimmt überhaupt nicht
- Ich mußte nicht warten	☐	☐	☐	☐	☐
- Das Bordpersonal war freundlich	☐	☐	☐	☐	☐

Abb. 36: Beispiel einer indirekt-zufriedenheitsorientierten Qualitätsmessung in der Einkomponenten-Variante

3.2. Nutzen des Befragungs-Mix

Wie gesagt, taugen merkmalsorientierte Befragungen nur wenig zur Erforschung der Kundenzufriedenheit, wenn sie isoliert durchgeführt werden. Erst die Synthese aus merkmals- und ereignisorientierten Erhebungen liefert verläßliche Transparenz über Schwachstellen im Leistungsprozeß. Hierdurch erfährt man, wie zufrieden die Kunden mit dem Dienst an ihnen sind, will heißen, in welchem Maße sich interne und externe Qualität decken und - was bei herkömmlichen Befragungsaktionen verborgen bleibt - worin die Ursachen liegen, wenn beide Qualitäten voneinander abweichen.

Darüber hinaus gehen Bedürfnisse der Kunden hervor, die durch die gebotenen Dienstleistungen nicht erfaßt und befriedigt werden. Langfristig treu sind Kunden sicherlich nur dem, der ihren Bedürfnissen entspricht.

Dieser ereignis- und merkmalsorientierte Befragungs-Mix informiert kontinuierlich,

- o inwieweit Anbieter mit ihrer Qualität den Wünschen der Kunden entsprechen
- o wo eventuelle Schwächen zu suchen sind, das heißt, ob sie in der formalen Organisation oder der Leistungsfähigkeit und/oder -bereitschaft der Mitarbeiter liegen.
- o ob sich die Erwartungen der Kunden im Zeitverlauf ändern (siehe Punkt 4.1).

Der Nutzen für den Anbieter besteht darin, daß die für ihn notwendig werdenden Maßnahmen auf der Hand liegen, um seine Qualität für den Kunden zu optimieren.

4. Stufe 4
Kultivierung: Die Kundenzufriedenheit pflegen

Ist mittels der multiattributiven Befragung die Erfüllung der Teilqualitäten im einzelnen erhoben, gleichsam als Überwachung des definierten Leistungsstandes, kommt man zur Stufe 4, dem innovativen Herzstück des "PVP". Es ist die Pflege der externen Qualität und Zufriedenheit.

Wiederkehrende Befragungen der Kunden sind, für sich allein genommen, dazu wenig hilfreich. Das heißt, nicht nur Probleme fortwährend zu erkennen, sondern sie darüber hinaus auch zu beseitigen, muß die Aufgabe eines kundenorientierten Managements sein.
Ein Problem hat der Anbieter da, wo Kunden mit seinen Leistungen nicht zufrieden sind, weil die erbrachte Qualität nicht ihren Erwartungen entspricht. Jede negative Antwort befragter Kunden in Stufe 3 deutet direkt auf dieses Problem hin.

Grundvoraussetzung für eine Pflege der externen Qualität ist, daß das "Werkzeug" zur Offenlegung der Schwachstellen aus Stufe 3 mit dem Vorgehen zu ihrer Eliminierung aus Stufe 4 synchronisiert wird. Je nachdem, in welchen betrieblichen Leistungsfeldern eine Kundenbefragung Schwächen offenlegt, können diese dann mittels der Funktionenraster konkretisiert und getilgt werden. Um es ganz deutlich zu machen: Jede Frage des multiattributiven Fragebogens korrespondiert mit einer Funktion zur Herstellung der Kundenzufriedenheit, wie in Abbildung 31 oben bereits dargestellt, oder anders ausgedrückt: Jede Antwort der befragten Kunden betrifft direkt eine Leistungsfunktion. Geäußerte Unzufriedenheit wird somit auf den Punkt gebracht, will heißen auf die Funktion bezogen, deren Qualität nicht den Erwartungen der Kunden entspricht.

Antworten die Befragten in der Weise, daß für sie die Soll-Funktionen unbefriedigend erbracht worden sind, kann somit auf jede negative Aussage unmittelbar reagiert werden und es wird eben nur dort verbessert, wo es notwendig ist. Es wird "problemspezifisch" gehandelt.
Ein Beispiel soll das verdeutlichen:
Ging aus der ereignisorientierten Befragung hervor (Stufe 1), daß die Stammkunden Wert darauf legen, mit ihrem Namen angesprochen zu werden, wurde die Funktion "Persönliche Anrede verwenden" generiert (Stufe 2). Daraufhin wurde die Frage standardisiert: "Werden Sie als Stammkunde mit Ihrem Namen angesprochen?" (Stufe 3). Ergibt die in geraumer Zeit daran anschließende multiattributive Befragung, daß die Stammkunden anonym und unpersönlich - entgegen ihrer Erwartung und der dem Personal vorgegebenen Soll-Funktion - behandelt werden (noch Stufe 3), muß dieses konkrete Problem beseitigt werden, indem man die jeweiligen Mitarbeiter auf die Erfüllung der Funktion hinweist (Stufe 4). Es wird also problemkonkretisiert und punktgenau verbessert.

Da es nun die Mitarbeiter eines Anbieters sind, welche die von den Kunden beanstandeten Funktionen künftig besser ausführen müssen, darf man es nicht allein bei Hinweisen belassen. Vielmehr sind ihnen regelmäßig die multiattributiven Befragungsergebnisse vorzulegen, die ihre Funktionsbereiche betreffen. Hieraus ersehen sie, woran ihr Dienst gegenüber den Kunden krankt. Liegen schlechte Befragungsergebnisse vor, ist es Sache der Mitarbeiter, ihre Aufgaben künftig besser zu erfüllen. Dazu sollen sie motiviert sein und weitgehend aus eigenem Antrieb handeln, was fallweise konkrete Arbeitsanweisungen zur Qualitätsverbesserung nicht ausschließt. Diese empfinden sie indes weniger als Befehle, sondern eher als Unterstützung für ein erfolgreiches Tagesgeschäft.
Auch stehen nicht Schuldzuweisungen des Managements im Vordergrund

als vielmehr die Betroffenheit und Einsicht des Personals. Damit Mitarbeiter ihr Verhalten gegenüber den Kunden korrigieren, sprich verbessern, müssen sie zunächst einmal akzeptieren, daß sie etwas falsch machen. Denn wenn man sich nicht betroffen fühlt - und genau das geschieht im Falle pauschaler Aussagen und mangelnder Belegbarkeit - wieso sollte man sich dann ändern?
Deshalb ist den Mitarbeitern konkret anhand der ausgewerteten Fragebogen transparent darzulegen, was sie im einzelnen falsch machen, das heißt, welche Funktionen sie mangelhaft erbringen und sich deshalb die Kunden darüber ärgern. Dabei erweist sich die Trennung in situativ-offene und situativ-geschlossene Dienstleistungskomponenten als hilfreich.

Aus Kundensicht negativ beurteilte situativ-geschlossene Abläufe beruhen auf organisatorischen Mängeln und sind mit "harten" Fakten belegbar. Müssen Kunden lange am Telefon warten, um ein Hotelzimmer zu reservieren, weil das Personal den Anruf nicht gleich entgegennimmt, ist das in Minuten meßbar. In dieser Situation können sie nicht gestaltend auf den Ablauf des Wartens am Telefonhörer einwirken. Sie können höchstens den Versuch des Telefonates beenden und den Hörer wieder auflegen.
Ebenso geschlossen ist die Situation für einen Kunden eines Autohauses, der sein repariertes Fahrzeug aus der Werkstatt abholen will, das Personal ihm jedoch den Zündschlüssel nicht aushändigen kann, weil er momentan nicht auffindbar ist. Hier kann der Kunde entweder warten oder nach Hause gehen, um einen Ersatzschlüssel zu holen.
Daß hier selbstverständlich auch situativ-offene Komponenten eine Rolle spielen, wie das Verhalten gegenüber dem wartenden Kunden, sei erwähnt.
In beiden Fällen ist ein objektiv nachweisbarer Mangel gegeben, der für

die betroffenen Mitarbeiter einsehbar, weil leicht nachvollziehbar erscheint. Verbessernde Maßnahmen wären für die hier genannten Beispiele zum einen ein an der Anruferfrequenz orientierter, flexibler Mitarbeitereinsatz sowie zum anderen eine klare Anweisung, die den Verlauf eines Kundenfahrzeuges und dessen Zündschlüssel in der Werkstatt regelt.

Anders verhält es sich für die personenbezogenen, situativ-offenen Komponenten. Werden sie negativ in der Befragung der Stufe 3 "Revision" bewertet, liegen ihnen subjektive Urteile zugrunde. Meinen die Kunden, unfreundlich begrüßt worden zu sein oder daß man ihnen abweisend begegnet sei, kann das nicht durch Fakten erhärtet werden. In solchen Fällen vom Kundendienstpersonal a la Kaizen zu fordern, "ihr müßt immer besser werden", ist mangels eines eindeutigen Maßstabs für den Umgang mit den Kunden zu unterlassen.
Hat man dagegen einen geeigneten Maßstab, wie den der Zeit, kann man fordern, "ihr müßt immer schneller werden". Jedoch immer besser zu werden, das heißt, mehr Qualität im Umgang mit dem Kunden an den Tag zu legen, wohlgemerkt, mit dem Kunden, nicht mit einer Sache, ist eine Forderung, die gegenüber den Mitarbeitern als nicht haltbar erscheint. Wo und wie soll man an der Kunden-Dienstleistung ansetzen, um besser zu werden? Wie sollen sich Mitarbeiter besser verhalten, woran sich orientieren, wenn sie von sich meinen, bereits die Besten, Zuverlässigsten und Freundlichsten zu sein?

Die funktionale Sicht hebt dieses Problem auf. Durch sie kann jeder Mitarbeiter seine Aufgaben durchdringen und weiß, worauf es im einzelnen ankommt, auch ohne Maßstab. Durch die periodisch wiederkehrenden Befragungsergebnisse erfährt er genauso detailliert, was er falsch macht oder besser machen muß, damit die Kunden seine Arbeit hochschätzen.

4.1. "P" heißt auch permanent

Regelmäßige Erhebungen der Kundenzufriedenheit sind für das strategische Controlling unentbehrlich. Nicht allein in der gegenwärtigen Kontrolle der Kundenzufriedenheit liegt der Nutzen, sondern darüber hinaus in der Gestaltung der externen Qualität und Orientierung für die Zukunft. Denn heute zufriedene Kunden sind der Erfolgsfaktor für morgen. Schließlich ist Kundenzufriedenheit eine wichtige unternehmerische Zielgröße, die sich mittelbar quantitativ in der Erfolgsrechnung niederschlägt - und dies ist durchaus planbar.

Kundenwünsche und -erwartungen können sich im zeitlichen Verlauf zuweilen wandeln. Deshalb genügt es nicht, über einen längeren Zeitraum hinweg die Erfüllung der in Stufe 2 einmal definierten Soll-Funktionen per multiattributivem Fragebogen periodisch wiederkehrend zu kontrollieren. Denn es wäre eine falsche Annahme zu meinen, diese Funktionen entsprächen dauerhaft den Kundenwünschen. Angesagt ist deshalb eine in größeren Zeitabständen, je nach Dynamik einer Branche, wiederkehrende Erhebung dessen, was die Kunden wünschen. Das heißt, hierbei ist nicht allein das Soll gemäß Stufe 3 zu überprüfen, sondern es muß gefragt werden, ob die angebotenen Leistungen überhaupt noch den Kundenanforderungen entsprechen. Dafür ist gegebenenfalls der gesamte "PVP" ab Stufe 1 erneut einzusetzen, um mit der ereignisorientierten Befragung beginnend das Soll nicht nur überprüfen, sondern auch fortschreiben zu können.

Im Ergebnis wird deutlich, daß ein Anbieter mit der funktionalen Sichtweise am Puls der Kunden bleiben und sein Dienstleistungsangebot danach bestens ausrichten kann. Um kundenorientiert zu handeln, kann er gleichfalls seine Organisation bis in einzelne Abläufe hinein durchdringen und letztlich kompetent entwickeln.

4.2. Zum Schluß: Warum der "PVP" interne und externe Qualität zwangsweise koppelt

Durchaus kann der "PVP" im Sinne des Management-Konzeptes der "Lernenden Organisation" gesehen werden. Seine konsequente Team-Organisation und Schaffung von Transparenz für die Mitarbeiter über die Zusammenhänge von betrieblichen Abläufen und deren Kosten entwickelt eine breite organisatorische Wissensbasis in quantitativer und qualitativer Hinsicht. Besonders die Durchdringung der Geschäftsprozesse mittels der detaillierten Funktionalisierung baut Herrschaftswissen ab und beseitigt Kommunikationsbarrieren. Ressortegoismen und "Closed-Shop-Handeln" der Bereiche werden zurückgedrängt und es kann als Folge ein positiver Einfluß auf die Unternehmenskultur einhergehen.

In dieser Weise informierte Mitarbeiter, die zudem die organisatorischen Ziele ihrer Tätigkeit im einzelnen kennen, werden leichter motivierbar und mit ihrer Arbeit zufrieden sein. Letztlich ist Mitarbeiterzufriedenheit eine wesentliche Voraussetzung für Kundenzufriedenheit, da davon auszugehen ist, daß sich motivierte und mit ihrer Aufgabenstellung zufriedene Mitarbeiter zielorientiert im Hinblick auf die Erfüllung der Soll-Funktionen verhalten werden. Die besten Methoden sind bekanntlich nur so gut wie die Menschen, die sie anwenden.
Deshalb müssen alle Mitarbeiter kundenorientiert denken und Kundenzu-

friedenheit als Unternehmensleitsatz verinnerlichen. Auch ein Lagerist muß begreifen, daß es nicht allein für seinen Kollegen an der Servicetheke peinlich ist, wenn dieser einem Kunden nicht pünktlich sein repariertes Auto übergeben kann, weil wegen Schlamperei im Lager ein Ersatzteil nicht bereitgestellt werden konnte. Er muß an den Kunden und dessen Zufriedenheit denken. Er muß die fatalen Folgen für sich kennen, wenn Kunden deshalb nicht wiederkommen; fatal deshalb, weil man die Schuld dafür trägt, daß Zielerreichung und Unternehmenserfolg gefährdet werden und damit die Arbeitsplätze auch im Lager auf dem Spiel stehen.

Abbildung 37 faßt abschließend zusammen, wie sich der "PVP" als integrierte Methode für Kundenorientierung und Anbietereffizienz in bestehende Management-Konzepte einordnen läßt. Sein Anliegen ist die effiziente und kundenorientierte Erstellung sowohl von Dienstleistungen als auch von Sachleistungen, da für letztere ebenfalls die Kundenzufriedenheit mit den einzelnen Produktmerkmalen erhoben werden kann und sich die Herstellungsprozesse der funktionalen Betrachtung bestens unterziehen lassen.

Zur Schaffung von Ablaufeffizienz, interner Qualität sowie der Optimierung vor- und nachgelagerter Stufen in der Wertschöpfungskette werden Reengineering, Total Quality Management und Lean Management primär aus Anbietersicht eingesetzt. Um die externe Qualität der Leistungen zu sichern, dient das Instrumentarium bestehend aus ereignis- und merkmalsorientierter Befragung sowie der retrograd funktionalen Vorgehensweise der Wertanalyse. Im Fokus stehen dabei die Wünsche der Kunden, die auf dem Wege ihrer emotionalen Schilderung erhoben und in Funktionen der Leistungserstellung umgesetzt werden, um danach ihre erbrachte Qualität merkmalsorientiert wiederholt überprüfen zu können.

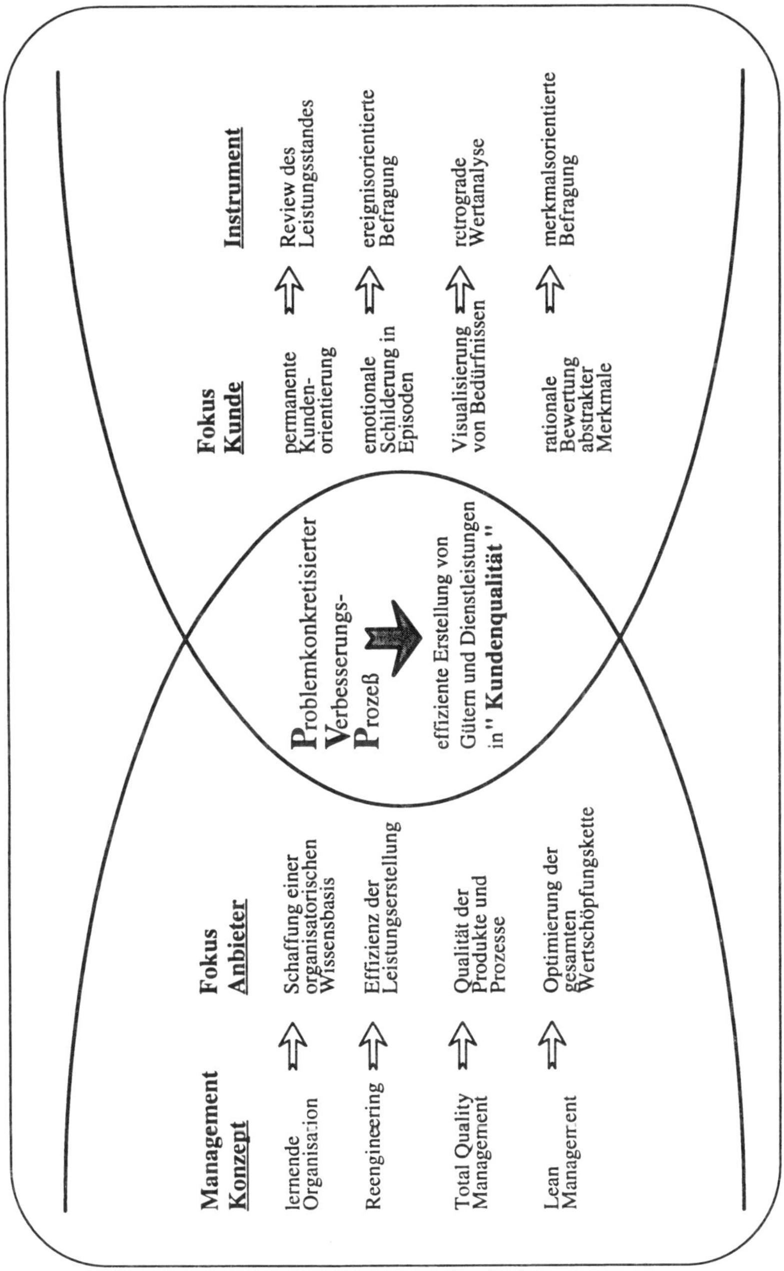

Abb. 37: Der " PVP " als integrierte Methode für Kundenorientierung und Anbietereffizienz

Im Ergebnis verbindet der "PVP" das Streben der Anbieter nach Effizienz und Effektivität in ihrer Leistungsorganisation mit dem generellen Wunsch der Kunden, daß die erstellten Leistungen ihren Anforderungen und Erwartungen entsprechen. Damit wird der Unternehmenserfolg in ambivalenter Weise gesichert, weil er die interne Kostenoptimierung mit dem externen Umsatzergebnis koppelt.

Anmerkungen

1) Kühn, R.: Methodische Überlegungen mit der Kundenorientierung im Marketing-Management, in: Marketing ZFP, Heft 2, 2. Quartal 1991, S. 99, der des weiteren "vor jedem Gebrauch der Kundenorientierung als Element eines Marketingbegriffs" grundsätzlich abrät und die Kundenorientierung als Dimension der Unternehmenskultur begreift. Diese Deutung läßt die Kundenorientierung nicht als Element des Marketingbegriffes erscheinen und ordnet die Instrumente, wie Werbung, Verkaufsförderung oder Kundendienst als Artefakte dieser Kultur zu. Zur Einordnung der Kundenorientierung siehe die Diskussion bei Albers, S., Eggert, K.: Kundennähe - Strategie oder Stichwort, in: Marketing ZFP, 10. Jg., Heft 1, 1988, S. 6 und S. 10, die ebenso wie R. Kühn die mangelnde begriffliche Präzision bei Peters, T.J, Waterman, R.H.: Auf der Suche nach Spitzenleistungen, 4. Aufl., Landsberg am Lech 1984 konstatieren.

2) Vgl. Reichheld, F.F.: Treue Kunden müssen auch rentabel sein, in: Harvard Businessmanager, 15. Jg. 1993, Quartal 3, S. 112

3) Vgl. Womack, J.P. et al.: Die zweite Revolution in der Autoindustrie, Frankfurt/New York 1992, S. 195

4) Hierzu Reichheld, F.F, Sasser, W.E. jr.: Zero Defections: Quality Comes to Services, in: Harvard Business Review, September-October 1990, S. 106

5) Vgl. ebenda, 107

6) Vgl. Müller, W.: Strategisches Marketing: Ein übersehenes Wettbewerbsinstrument in der Automobilindustrie, in: Die Betriebswirtschaft, 51. Jg. 1991, Heft 6, S. 786 f.

7) Vgl. La Barbera, P.A., Mazursky, D.: A Longitudinal Assessment of Consumer Satisfaction/Disatisfaction: The Dynamic Aspect of the Cognitive Process, in: Journal of Marketing Research, Nov. 1983, S. 393 ff.

8) Siehe Kotler, P., Bliemel, F.: Marketing-Management, 7. Aufl., Stuttgart 1992, S. 27 und die dort zitierte Studie des Technical Assistance Programs

9) Vgl. Peters, T.J., Waterman, R.H., op. cit. S. 36 f. und S. 189 ff.

10) Siehe den Beitrag von Henn, H.: Die neue Mischung im Marketing-Mix? in: Technische Rundschau, Heft 18, 1992, S. 60 f.

11) Zur Definitionsvielfalt und -zahl siehe Engelhardt, W.H., Kleinaltenkamp, M., Reckenfelderbäumer, M.: Leistungsbündel als Absatzobjekte - Ein Ansatz zur Überwindung der Dichotomie von Sach- und Dienstleistungen, in: zfbf, Jg. 45, Heft 5, 1993, S. 398 und die dort zitierte Literatur

12) Meyer, A.: Marketing für Dienstleistungsanbieter, Vergleichende Analyse verschiedener Dienstleistungsarten, in: Hermanns, A., Meyer, A.: Zukunftorientiertes Marketing für Theorie und Praxis, Festschrift zum sechzigsten Geburtstag von P.W. Meyer, Berlin 1984, S. 198

13) Einen Überblick hierzu gibt Rosada, M.: Kundenstrategien im Automobilsektor. Theoretische Fundierung und Umsetzung eines Konzeptes zur differenzierten Vermarktung von Sekundärdienstleistungen, Berlin, 1990, S.17 f.

14) Hierzu Meyer, A: Dienstleistungs-Marketing, in: Die Betriebswirtschaft, 1991, S. 203 f. sowie Corsten, H: Betriebswirtschaftslehre der Dienstleistungsunternehmen, 2. Aufl., Berlin 1990, S. 184 und Staffelbach, B.: Strategisches Marketing von Dienstleistungen in: Marketing ZFP, 10. Jg. Heft 3, 1988, S. 278

15) Um die objektive Wahrheit zu "versehren", genügt eine Filmdokumentation mittels einer Nahaufnahme, die weiter entfernte, wesentliche Aspekte vernachlässigt.

16) Zu einer definitorischen Zusammenstellung siehe Rosada, M., op. cit., S.17 f. Als externe Faktoren gelten solche, "die zeitlich begrenzt in den Verfügungsbereich eines Dienstleistungsanbieters gelangen und mit den internen Produktionsfaktoren in einen Verarbeitungsprozeß integriert werden." Engelhardt, W.H., Kleinaltenkamp, M., Reckenfelderbäumer, M., op. cit., S. 401

17) Für die Analyse der Kundenzufriedenheit bringt es jedoch wenig, daß es sich immer dann um einen Dienstleistungsprozeß handeln soll, wenn der Anbieter einen externen Faktor mit seinen internen Produktionsfaktoren kombiniert, "daß dadurch ein Leistungserstellungsprozeß ausgelöst wird, in den der externe Faktor integriert wird und in dem er eine Be- und Verarbeitung erfährt. Leistungen, die derartige Prozesse enthalten, sind demnach

Dienstleistungen." Engelhardt, W.H., Kleinaltenkamp, M. Reckenfelderbäumer, M., op. cit., S. 401 f.

18) Zum Imagetransfer vgl. Hammann, P.: Das Optimierungsproblem im Kundendienst - Aussagewert und Stand der Diskussion, in: Meffert, H. (Hrsg.): Kundendienst-Management, Frankfurt, Bern 1982, S. 161, sowie Salleck, K.: Profilieren über Kundendienst, in: Marketing Journal, 5/1975, S. 380

19) Das Thema Marken- und Ladentreue behandelt Nolte, H.: Die Markentreue im Konsumgüterbereich, Bochum 1975, S. 109 ff. und 146 ff.

20) entnommen aus Müller, W., op. cit., S. 786

21) Die Analogie zu Herzbergs Theorie über die Motivation von Arbeitnehmern bietet sich an. Herzberg, F. Mausner, B., Snyderman, B.B.: The Motivation to work, 2nd. ed., New York u.a. 1959, definieren in ihrer Theorie hinsichtlich der Arbeitszufriedenheit die beiden grundlegend verschiedenen Gruppen von Faktoren, die "Motivators" und die "Hygiene Factors". Eine pragmatische Transformation dieser Theorie auf die Motivation der Kunden zur Zufriedenheit und Loyalität führt analog zu zwei Gruppen von Kundendienstleistungen. Mit den als selbstverständlich erwarteten funktional-technischen Leistungen geht im Falle ihrer ordnungsgemäßen Erbringung keine dauerhafte Motivation in Richtung Kundenzufriedenheit einher, während der personenbezogene Teil des Kundendienstes, so er positiv vom Kunden erlebt wird, in Richtung Zufriedenheit mit seinen Implikationen wirkt.

22) Grundlegend dazu Vershofen, W.: Die Marktentnahme als Kernstück der Wirtschaftsforschung, Berlin/Köln 1959, S. 83 ff.

23) Hier wird die ergebnis- mit der prozeßorientierten Betrachtung vermischt. Dies geschieht ungeachtet der Befürchtung, daß diese Vermischung sprachlich und logisch unsauber sei und zu Ungenauigkeiten führe; hierzu Engelhardt, W.H., Kleinaltenkamp, M., Reckenfelderbäumer, M., op. cit., S. 404 f. und Engelhardt, W.H.: Grundprobleme der Leistungslehre, dargestellt am Beispiel der Warenhandelsbetriebe, in: Schmalenbachs Zeitschrift für betriebswirtschaftliche Forschung, S. 159 ff. Die Kunden kümmern sprachliche Feinheiten nicht. Für sie ist wichtig, daß die Qualität der Leistungen, oder besser, die Summe ihrer Teile, stimmt. Die Qualität stimmt immer dann, wenn die Kunden zufrieden sind.

24) Ausgenommen sind davon selbstverständlich meritorische Güter, die meist mit Konsumzwang verbunden sind.

25) Vgl. Möller, R.: Interpersonelle Nutzenvergleiche, Göttingen 1983, S. 40 und die dort zitierte Literatur

26) Vgl. Womack, J.P. et al., op. cit. S. 101

27) Auf die Basisarbeit von Vershofen, W., op. cit., S. 83 ff., sei wiederum verwiesen

28) Krieg, K.G., Heller, W., Hunecke, G.: Leitfaden der DIN-Normen, Deutsches Institut für Normung e.V. (Hrsg.), Stuttgart 1983, S. 11

29) Zur generellen Schwierigkeit, wenn nicht Unmöglichkeit, interpersoneller Nutzenvergleiche siehe ausführlich Möller, R., op. cit., S. 19 ff.

30) Hierzu Steinle, C.: Führung in der Unternehmung, Stuttgart 1978, S. 34

31) Zur Tagesrhythmik siehe Graf, O.: Arbeitsphysiologie, Wiesbaden 1960, S. 14

32) Siehe Meister, H.: Hemmnisse für Qualitätszirkel in mittelständischen Unternehmen, Zeitschrift Führung + Organisation, 61. Jg., Heft 1, 1992, S. 12 ff. Daß sich selbst das relativ einfache Tool des Qualitätszirkels in seiner praktischen Anwendung als problematisch gestalten kann, wird dabei ebenfalls beschrieben.

33) Hierzu Imai, K.: Kaizen - The Key to Japan's Competitive Success, New York 1986

34) Siehe Oess, A.: Total Quality Management - Die Praxis des Qualitätsmanagements, Wiesbaden 1989

35) Indes ist dieses Hinterfragen von Problemen nicht neu. Bereits im Jahre 1955 stellte Lohmann die "Zusammenhänge tieferer Verluststellen" sehr deutlich dar und wies auf die Zusammenhänge von Ursachen der Mängel erster, zweiter, dritter usw. Ordnung hin. Siehe deshalb hierzu Lohmann, E.: Arbeitsanweisung, Arbeitsabläufe, Arbeitsuntersuchungen, Wiesbaden 1955, S. 77 f.

36) Hierzu beispielsweise Bösenberg, D., Metzen., H.: Lean Manage-

ment - Vorsprung durch schlanke Konzepte, 2. Aufl., Landsberg/Lech 1993

37) Betrachtet man die Leitungshierarchie der Unternehmen, erscheint es zuweilen, je höher die Ebene, desto mehr wird dieses Postulat ignoriert und sogar auf den Kopf gestellt. Siehe Meister, H.: Von Wucherungen des "Overhead", in: Personalentwicklung im Zeichen der Rezession, Süddeutsche Zeitung/Verlag moderne industrie (Hrsg.), S. 105 ff.

38) Hierzu Hammer, M., Champy, J.: Re-Engineering the Corporation - A Manifesto for Business Revolution, New York 1993

39) Vgl Byrne, P.M., Markham, W.J. (A.T. Kearney/USA): Improving Quality and Productivity in the Logistics Process - Achieving Customer Satisfaction Breakthroughs", hrsg. v. Council of Logistics Management 1991, S. 21 f.

40) Vgl. zum Beispiel Jackson, P., Ashton D.: ISO 9000 - Der Weg zur Zertifizierung, 2. Aufl., Landsberg/Lech 1994, S. 52 und 173

41) ebenda, S. 18

42) Vgl. ebenda, S. 20 und 30

43) Zur Beantwortung dieser Frage führen die Autoren Meister & Meister gegenwärtig eine empirische Untersuchung durch.

44) Auf die generellen Unzulänglichkeiten merkmalsorientierter Befragungen geht ausführlich Punkt 1.2. in Kapitel 3 ein.

45) Hierzu Laberenz, H.: Die prognostische Relevanz multiattributiver Einstellungsmodelle für das Konsumenten-Verhalten, Hamburg 1988, S. 100. Zu einer weiteren Differenzierung in nichtkompensatorische und kompensatorische Beurteilungsmodelle siehe Kroeber-Riel, W.: Konsumentenverhalten, 5. Aufl., München 1992, S. 311, wobci der Kunde im Falle der nichtkompensatorischen einen bestimmten Qualitätsstandard verlangt. Wird er nur in einer Eigenschaft unterschritten, kommt der Kunde für die gesamte Leistung zu einem negativen Urteil, das nicht mehr durch die positive Bewertung anderer Eigenschaften "kompensiert" werden kann. Hingegen kann im Falle der kompensatorischen Beurteilungsmodelle die negative Beurteilung eines Qualitätsmerkmals durch die positive Bewertung eines anderen Kriteriums ausgeglichen werden.

46) Aus der Studie von Facio, R.N., Zanna, M. P.: Attidudinal Qualities Relating to the Strength of the Attitude-Behavior-Relationship, in Journals of Experimental Social Psychology, Nr. 14, 1978, S. 398 - 408, geht hervor, daß die durch direkte Erfahrungen erworbenen Einstellungen größeren Einfluß auf das Verhalten haben als Einstellungen, die durch indirekte Erfahrungen entstehen.

47) Vgl. Meister, H.: Noch unveröffentlichte Untersuchung der Kundenzufriedenheit und Servicequalität eines der größten Autohandelsfilialisten in Europa, Landshut 1995

48) Vgl. Albrecht, K.: At America's Service. How Corporations can Revolutionize the Way they Treat their Customers, Homewood, 1988, S. 26

49) Norman, R.: Dienstleistungsunternehmen, Hamburg, 1987, S. 21

50) Dieses Verfahren basiert auf Shostack, G.L.: How to Design a Service, in European Journal of Marketing, Vol. 16, No. 1, S. 49 ff. und derselbe: Designing Services That Deliver, in: Harvard Business Review, Vol. 62, S. 133 ff.

51) Zur zusammenfassenden Beschreibung der Verfahren siehe im folgenden Stauss, B.: "Augenblicke der Wahrheit" in der Dienstleistungserstellung: Ihre Relevanz und ihre Messung mit Hilfe der Kontaktpunkt-Analyse, in: Bruhn, M., Stauss, B.: Dienstleistungsqualität, Wiesbaden 1991, S. 354 ff. und die dort zitierte Literatur.

52) Vgl. Horovitz, J.: Service entscheidet: Im Wettbewerb um den Kunden, Frankfurt/New York 1990

53) Ausführlich dazu Flanagan, J.C.: The Critical Incident Technique, in: Psychological Bulletin, Vol. 51, 1954, S. 327 ff.

54) Zur Wirkungsforschung siehe Meister, U. et al.: Probleme publizistischer Einseitigkeit, Nürnberg 1980, S. 87 ff.

55) Nicht alles, was als eine "Methode" bezeichnet wird, verdient dieses Prädikat. Häufig handelt es sich lediglich um bestimmte Verfahrensarten zur Lösung von Teilaufgaben, was man korrekterweise mit dem Begriff "Technik" umschreibt.

56) Zur Kundenorientierung im Automobilbereich siehe Meister, H.:

Kundenorientierung ist Existenzsicherung, in: Autohaus, Nr. 13., 3. Juli 1995, S. 32 ff.

57) Siehe Meffert, H.: Marketing, 3. Aufl., Wiesbaden 1978, S. 111 ff.

58) Vgl. das Vorgehen von Bitner, M., Booms, B., Tetreault, M.: The Service Encounter: Diagnosing Favorable and Unfavorable Incidents, in: Journal of Marketing, Vol. 54, 1990, S. 74

59) Hierzu Berekoven, L., Eckert, W., Ellenrieder, P.: Marktforschung, Wiesbaden 1977, S. 65 f. und die dort angegebene Literatur

60) Vgl. im folgenden Hentschel, B.: Dienstleistungsqualität aus Kundensicht, Wiesbaden 1992, S. 228

61) Vgl. im weiteren Bitner, M., Booms, B., Tetreault, M., op. cit., S. 73

62) Zu den folgenden Schritten der Auswertung siehe Stauss, B., Hentschel, B.: Verfahren der Problementdeckung und -analyse im Qualitätsmanagement, in: GfK Gesellschaft für Konsum-, Markt- und Absatzforschung (Hrsg.), Jahrbuch der Absatz- und Verbrauchsforschung, 36. Jg. 1990, Heft 3, Berlin S. 241 f.

63) Zur Inhaltsanalyse und ihrer Formen siehe im folgenden Früh, W.: Inhaltsanalyse, Theorie und Praxis, 2. Aufl., München 1989

64) Hierzu Hentschel, B., op. cit., S. 200 ff., der diese Problematik aufgreift und eine Strukturierung nach den Kriterien Akteure, Kontaktsituation, Bewertungen und Handlungen vornimmt.

65) Vgl. Berry, L., Parasuraman, A.: Service Marketing - Wettbewerbsvorsprung durch erstklassige Qualität, Frankfurt/New York, 1992, S. 30, wobei jedoch die Dimension "Einfühlungsvermögen" (verstanden als die Bereitschaft des Anbieters, auf die individuellen Wünsche und Bedürfnisse der Kunden einzugehen) hierbei keine Verwendung findet und die dazugehörigen Unterkategorien den verbleibenden vier Dimensionen zugeordnet werden.

66) Zur computergestützten Inhaltsanalyse siehe eingehend Mayring, P.: Qualitative Inhaltsanalyse, Grundlagen und Techniken, 4. erw. Aufl., Weinheim, 1993, S. 94 ff.

67) Zur Operationalisierung der Hauptkriterien vgl. eingehend Hentschel,

B.: Dienstleistungsqualität aus Kundensicht, Wiesbaden 1992, S. S. 244 ff.

68) Zu den folgenden Ausführungen wertanalytischen Vorgehens (nach DIN 69910) siehe grundlegend VDI Zentrum Wertanalyse (Hrsg.): Wertanalyse, Idee - Methode -System, 4. neubearb. Aufl., Düsseldorf 1991, sowie speziell für Dienstleistungen Herd, H., Zwink, H.: Wertanalyse in Kreditinstituten, 2. Aufl., Stuttgart 1987

69) Neben ihrer generellen Anwendbarkeit unterscheidet die Wertanalyse Wertgestaltung (Value Engineering) und Wertverbesserung (Value Analysis). Während Wertgestaltung für neu entwickelte Sach- und Dienstleistungen angewandt wird, setzt die Wertverbesserung an etwas Bestehendem an.

70) Vgl. Hoffmann, H.J.: Wertanalyse. Ein Weg zur Erschließung neuer Rationalisierungsquellen, Berlin 1979, S. 6

71) Zur Funktionengliederung siehe im folgenden Herd, H., Zwick H., op. cit., S. 28 ff.

72) Als Beispiel für eine Auflistung solcher Unternehmensgrundsätze siehe Hinterhuber, H.H.: Strategische Unternehmensführung, I. Strategisches Denken, Berlin, New York 1992, S. 61 f.

73) Miles, L.D.: Techniques of Value Analysis and Engineering, McGraw-Hill 1961, S. 11 ff. weist auf die häufig verkannten Schwierigkeiten des Benennens der Funktionen hin. Nach seiner Ansicht könne eine klar verstandene Funktion mittels eines quantifizierbaren Substantivs und eines transitiven Verbs beschrieben werden. Der "PVP" hält sich nicht sklavisch an die Milessche Vorgabe, sondern stellt die Zweckmäßigkeit in der Funktionendefinition über die semantischen Vorgaben.

74) Eine erstmalige Ist-Aufnahme ist bereits als Projekt im herkömmlichen Sinne der Organisationslehre zu verstehen und zu managen. Eine verdichtete Darstellung für erfolgreiches Projektmanagement gibt Keplinger, W.: Erfolgsmerkmale im Projektmanagement, in: Zeitschrift für Organisation, Nr. 2, 1992, S. 99 - 104. Es handelt sich in dieser Form um ein einmaliges Vorhaben mit zeitlich begrenztem Charakter. Erst wenn der "PVP" im Unternehmen implementiert und seine permanente Weiterführung institutionalisiert worden ist, kann man von einer Daueraufgabe sprechen.

75) Nota bene: Ein Anbieter kann nur festlegen, wie etwas sein wird. Wie es sein soll, können allein die Kunden sagen.

76) Zu den Multiattributverfahren vgl. im folgenden Hentschel, B.: Multiattributive Messung von Dienstleistungsqualität, in: Bruhn, M., Stauss, B.: Dienstleistungsqualität, Wiesbaden 1991, S. 320 ff. und die dort zitierte Literatur

77) Zur einstellungsorientierten Qualitätsmessung siehe ausführlich Trommsdorf, V.: Konsumentenverhalten, Stuttgart/Berlin, 1989, S. 136 ff. und derselbe: Die Messung von Produktimages für das Marketing, Köln, 1975, S. 72 ff.

78) Für den "PVP" zwar nicht relevant, sei dennoch angemerkt, daß im Gegensatz zu den einstellungsorientierten Varianten die zufriedenheitsorientierten Messungen nur herangezogen werden können, wenn die Kunden Erfahrungen mit den Leistungen eines Anbieters gemacht haben. Das heißt, sie dienen der Überprüfung der Qualität und gegebenenfalls ihrer Verbesserung. Für die Planung der Qualität einer neuen oder zu ändernden Leistung taugen sie nicht.

Literaturverzeichnis

Albers, S., Eggert, K.: Kundennähe - Strategie oder Stichwort, in: Marketing ZFP,10. Jg., Heft 1, 1988

Albrecht, K.: At America's Service. How Corporations can Revolutionize the Way they Treat their Customers, Homewood 1988

Berekoven, L., Eckert, W., Ellenrieder, P.: Marktforschung, Wiesbaden 1977

Berry, L., Parasuraman, A.: Service Marketing - Wettbewerbsvorsprung durch erstklassige Qualität, Frankfurt/New York, 1992

Bitner, M., Booms, B., Tetreault, M.: The Service Encounter: Diagnosing Favorable and Unfavorable Incidnets, in: Journal of Marketing, Vol. 54, 1990

Bösenberg, D., Metzen., H.: Lean Management - Vorsprung durch schlanke Konzepte, 2. Aufl., Landsberg/Lech 1993

Byrne, P.M., Markham, W.J. (A.T. Kearney/USA): Improving Quality and Productivity in the Logistics Process - Achieving Customer Satisfaction Breakthroughs", hrsg. v. Council of Logistics Management 1991

Corsten, H: Betriebswirtschaftslehre der Dienstleistungsunternehmen, 2. Aufl., Berlin 1990

Engelhardt, W.H.: Grundprobleme der Leistungslehre, dargestellt am Beispiel der Warenhandelsbetriebe, in: Schmalenbachs Zeitschrift für betriebswirtschaftliche Forschung, S. 158 - 178

Engelhardt, W.H., Kleinaltenkamp, M. Reckenfelderbäumer, M.: Leistungsbündel als Absatzobjekte - Ein Ansatz zur Überwindung der Dichotomie von Sach- und Dienstleistungen, in: zfbf, Jg. 45, Heft 5, 1993, S. 395 - 426

Ernst, S., Meunzel, R.M., Schuler, J.: Qualitätsmanagement - der Schlüssel zur Kundenzufriedenheit, Ottobrunn 1994

Facio, R.N., Zanna, M. P.: Attidudinal Qualities Relating to the Strength of the Attitude-Behavior-Relationship, in Journals of Experimental Social Psychology, Nr. 14, 1978, S. 398 - 408

Flanagan, J.C.: The Critical Incident Technique, in: Psychological Bulletin, Vol. 51, 1954, S. 327 - 358

Früh, W.: Inhaltsanalyse, Theorie und Praxis, 2. Aufl., München 1989

Hammann, P.: Das Optimierungsproblem im Kundendienst - Aussagewert und Stand der Diskussion, in: Meffert, H. (Hrsg.): Kundendienst-Management, Frankfurt, Bern 1982, S. 145 - 170)

Henn, H.: Die neue Mischung im Marketing-Mix? in: Technische Rundschau, Heft 18, 1992, S. 60 - 61

Hentschel, B.: Multiattributive Messung von Dienstleistungsqualität, in: Bruhn, M., Stauss, B.: Dienstleistungsqualität, Wiesbaden 1991 S. 311 - 343

Hentschel, B.: Dienstleistungsqualität aus Kundensicht, Wiesbaden 1992

Herd, H., Zwink, H.: Wertanalyse in Kreditinstituten, 2. Aufl., Stuttgart 1987

Herzberg, F. Mausner, B., Snyderman, B.B.: The Motivation to work, 2nd. ed., New York u.a. 1959

Hoffmann, H.J.: Wertanalyse. Ein Weg zur Erschließung neuer Rationalisierungsquellen, Berlin 1979, S. 6

Horovitz, J.: Service entscheidet: Im Wettbewerb um den Kunden, Frankfurt/New York 1990

Imai, K.: Kaizen - The Key to Japan's Competitive Success, New York 1986

Kotler, P., Bliemel, F.: Marketing-Management, 7. Aufl., Stuttgart 1992

Krieg, K.G., Heller, W., Hunecke, G.: Leitfaden der DIN-Normen, Deutsches Institut für Normung e.V. (Hrsg.), Stuttgart 1983

Kroeber-Riel, W.: Konsumentenverhalten, 5. Aufl., München 1992

Kühn, R.: Methodische Überlegungen mit der Kundenorientierung im Marketing-Management, in: Marketing ZFP, Heft 2, 2. Quartal 1991

La Barbera, P.A., Mazursky, D.: A Longitudinal Assessment of Consumer Satisfaction/Disatisfaction: The Dynamic Aspect of the Cognitive Process, in: Journal of Marketing Research, Nov. 1983, S. 393 - 404

Laberenz, H.: Die prognostische Relevanz multiattributiver Einstellungsmodelle für das Konsumenten-Verhalten, Hamburg 1988

Lohmann, E.: Arbeitsanweisung, Arbeitsabläufe, Arbeitsuntersuchungen, Wiesbaden 1955

Mayring, P.: Qualitative Inhaltsanalyse, Grundlagen und Techniken, 4. erw. Aufl., Weinheim 1993

Meffert, H.: Marketing, 3. Aufl., Wiesbaden 1978

Meister, H.: Hemmnisse für Qualitätszirkel in mittelständischen Unternehmen, Zeitschrift Führung + Organisation, 61. Jg., Heft 1, 1992, S.12 -14

Meister, H.: Von Wucherungen des "Overhead", in: Personalentwicklung im Zeichen der Rezession, Süddeutsche Zeitung/Verlag moderne industrie (Hrsg.), S. 105 - 109

Meister, H.: Kundenorientierung ist Existenzsicherung, in: Autohaus, Nr. 13., 3. Juli 1995 S. 32 - 34

Meister, U. et al.: Probleme publizistischer Einseitigkeit, Nürnberg 1980

Meyer, A: Dienstleistungs-Marketing, in: Die Betriebswirtschaft, 1991, S. 195 - 209

Meyer, A.: Marketing für Dienstleistungsanbieter, Vergleichende Analyse verschiedener Dienstleistungsarten, in: Hermanns, A., Meyer, A.: Zukunftorientiertes Marketing für Theorie und Praxis, Festschrift zum sechzigsten Geburtstag von P.W. Meyer, Berlin 1984, S. 197 - 213

Möller, R.: Interpersonelle Nutzenvergleiche, Göttingen 1983

Müller, W.: Strategisches Marketing: Ein übersehenes Wettbewerbsinstrument in der Automobilindustrie, in: Die Betriebswirtschaft, 51. Jg. 1991, Heft 6, S. 781 - 799

Nolte, H.: Die Markentreue im Konsumgüterbereich, Bochum 1975

Norman, R.: Dienstleistungsunternehmen, Hamburg 1987

Oess, A.: Total Quality Management - Die Praxis des Qualitätsmanagements, Wiesbaden 1989

Peters, T.J, Waterman, R.H.: Auf der Suche nach Spitzenleistungen, 4. Aufl., Landsberg am Lech 1984

Reichheld, F.F.: Treue Kunden müssen auch rentabel sein, in: Harvard Businessmanager, 15. Jg. 1993, Quartal 3, S. 106 - 114

Reichheld, F.F, Sasser, W.E. jr.: Zero Defections: Quality Comes to Services, in: Harvard Business Review, September-October 1990, S. 105 - 111

Rosada, M.: Kundenstrategien im Automobilsektor. Theoretische Fundierung und Umsetzung eines Konzeptes zur differenzierten Vermarktung von Sekundärdienstleistungen, Berlin 1990

Rushton, A., Carson D.J.: The Marketing of Services: Managing the Intangibles, in: European Journal of Marketing, Heft 8, 1989, S. 22 - 29

Salleck, K.: Profilieren über Kundendienst, in: Marketing Journal, 5/1975, S. 380 - 382

Shostack, G.L.: How to Design a Service, in European Journal of Marketing, Vol. 16, No. 1, S. 49 - 63

Shostack, G.L.: Designing Services That Deliver, in: Harvard Business Review, Vol. 62, S. 133 - 139

Staffelbach, B.: Strategisches Marketing von Dienstleistungen in: Marketing ZFP, 10. Jg. Heft 3, 1988, S. 277 - 284

Stauss, B.: "Augenblicke der Wahrheit" in der Dienstleistungserstellung: Ihre Relevanz und ihre Messung mit Hilfe der Kontaktpunkt-Analyse, in: Bruhn, M., Stauss, B.: Dienstleistungsqualität, Wiesbaden 1991, S. 345 - 365

Stauss, B., Hentschel, B.: Verfahren der Problementdeckung und -analyse im Qualitätsmanagement, in: GfK Gesellschaft für Konsum-, Markt- und Absatzforschung (Hrsg.), Jahrbuch der Absatz- und Verbrauchsforschung, 36. Jg. 1990, Heft 3, Berlin S. 232- 259

Steinle, C.: Führung in der Unternehmung, Stuttgart 1978

Trommsdorf, V.: Konsumentenverhalten, Stuttgart/Berlin, 1989, S. 136 ff. und derselbse: Die Messung von Produktimages für das Marketing, Köln 1975

VDI Zentrum Wertanalyse (Hrsg.): Wertanalyse, Idee - Methode -System, 4. neubearb. Aufl., Düsseldorf 1991,

Vershofen, W.: Die Marktentnahme als Kernstück der Wirtschaftsforschung, Berlin/Köln 1959,

Womack, J.P. et al.: Die zweite Revolution in der Autoindustrie, Frankfurt/New York 1992